Leo Gerhard, Alexander Landesberg

Der Procurist

Schwank mit Gesang in vier Acten

Leo Gerhard, Alexander Landesberg

Der Procurist

Schwank mit Gesang in vier Acten

ISBN/EAN: 9783744631426

Hergestellt in Europa, USA, Kanada, Australien, Japan

Cover: Foto ©Thomas Meinert / pixelio.de

Weitere Bücher finden Sie auf **www.hansebooks.com**

Als Manuscript gedruckt.

Sowohl Aufführungs- als Nachdrucks- und Uebersetzungsrecht
vorbehalten.

Leo Gerhard. Alexander Landesberg.

für sämmtliche Bühnen im Verlage des Herrn Dr. O. F. Eirich,
Gerichts-Advocat in Wien, VII. Neustiftgasse 5, und ist von diesem das
Aufführungsrecht zu erwerben.

Dr. O. F. Eirich. Leo Gerhard. Alexander Landesberg.

ng in vier Acten

von

und Alexander Landesberg.

Am Raimund-Theater in Wien am 25. September 1897 mit durchschlagendem
Erfolge aufgeführt.

Dieses Manuscript darf von dem Empfänger weder verkauft, noch sonst irgend-
wie weiter begeben werden, und gilt das Aufführungsrecht nach vorher erfolgter
Einigung über die Bedingnisse einzig für
Director   und zwar nur für die Zeit, während
welcher d   selbe die Direction d   Theater
inne hat, demnach weder für seinen Directions- oder Rechtsnachfolger an diesem
Orte, noch für diese   selbst, wenn d   selbe eine andere Direction über-
nehmen sollte, für diesen anderen Ort.   Dr. O. F. Eirich.

Ein Buch kostet 1 fl. 50 kr. ö. W., resp. 3 Mark.

Alle Rechte vorbehalten. — Ent. at stat. Hall, London.

Wien, 1897.

Der Procurist.

Schwank mit Gesang in vier Acten

von

Leo Gerhard und Alexander Landesberg.

Buchdruckerei „Reichswehr" G. David & A. Keiß.

Personen.

Johann Hofellner, Inhaber eines Confections- und Wäschegeschäftes.
Rosa, seine Frau.
Pepi, seine Tochter.
Rudolf Haberfeld, Hauptmann einer freiwilligen Feuerwehr, sein Schwager.
Carl Reisinger, Kaufmann.
Julie, seine Frau.
Florian Barny, Gutsbesitzer.
Béla, sein Neffe.
Theodor Winkler, Geschäftsleiter bei Hofellner.
Mizi Schwertner, erste Mamsell.
Jeanette Waldeck, Chansonnettensängerin.
Thomas Posonyi, Fabrikant.
Albert Schneider, Kaufmann.
Marie, seine Frau.
Josef Helfert, Kaufmann.
Bertha, seine Frau.
Kathi, Dienstmädchen bei Hofellner.
Ein Kellner.
Zwei Aerzte der Freiwilligen Rettungsgesellschaft.
Commis, Ladenfräulein, Arbeiter.

Erster Act im Comptoir Hofellner's; der zweite und der dritte in dessen Wohnung; der vierte im Foyer eines Hôtels.

Ort der Handlung:

Zwischen dem ersten und zweiten Act liegt ein Zeitraum von vier Wochen.

(Rechts und links vom Zuschauer zu nehmen.)

Erster Act.

[Comptoir bei Hofellner. Im Vordergrund links ein Sitzetablissement, rechts Comptoirschreibtische 2c. Rechts zwei Thüren, Links und Mitte je eine Thüre.]

1. Scene.

Hofellner, Rosa, Pepi, Mizi und **Bedienstete** beiderlei Geschlechtes.

Chor der Ladenmädchen und Commis.

Am heut'gen Tag, am Wiegenfest
Des Chefs, der uns so theuer,

Mizi.

Da greifen wir, statt zum Carton,
Zu einer Glückwunschleier.

Chor.

Ein Hoch dem lieben, guten Chef
Und seinem Thun und Streben,

Mizi.

Es lebe hoch der Chef, der uns
Vom Herzen auch läßt leben.

Mizi [Hofellner einen Blumenstrauß überreichend].

Wir reichen Dir
Die Blumen hier,
Des Frühlings zarte Triebe;
Nimm Du sie an,
Du wack'rer Mann,
Als Zeichen uns'rer Liebe.

[Chor repetirt.]

Hofellner. Ich danke Euch, meine Kinder, dank' Euch herzlichst. Es ist freilich kein Vergnügen, 60 Jahre alt zu sein — aber wenn man das Glück hat, noch arbeiten zu können, und so brave Leut' um sich zu haben, die einem bei der Arbeit helfen, dann trägt sich's leicht. Also nochmals Dank, meine Kinder. [Schüttelt die Hände.] Ich werde dafür sorgen, daß Ihr heute einen lustigen Abend habt.

[Commis und Mamsellen durch den Fond, den Schlußchor wiederholend, ab.]

2. Scene.
Hofellner, Rosa, Pepi, Mizi.

Rosa. Nun, lieber Hofellner, hast Du für die Mizi nicht etwas Besonderes? Sie freut sich schon lange auf diesen Tag.

Mizi [küßt ihr die Hand]. Ich dank' recht schön, gnä' Frau. — Ich hätte nicht die Courage gehabt, den Herrn Chef daran zu erinnern.

Hofellner. Wär' auch nicht nothwendig gewesen, mein Kind. Das Wort, das der alte Hofellner gibt, das hält er. Ich habe Deinem Bräutigam, meinem treuen Geschäftsführer Winkler versprochen, ihn zu meinem Compagnon zu machen, und dabei bleibt's. Jetzt hab' ich endlich den Verlust, den ich durch meinen ehemaligen Associé erlitten habe — durch diesen leichtsinnigen, gewissenlosen Patron — vollständig hereingebracht.

Pepi. Papa, reg' Dich am heutigen Tag nicht auf.

Hofellner. Ja Kind, eine solche Wunde vernarbt schwer. — Ein Mensch, zu dem ich so viel Vertrauen gehabt hab', und der mich so getäuscht hat. Heut', an meinem Geburtstag sind's 25 Jahre, daß ich 30.000 Gulden Wechsel hab' einlösen müssen, die er ohne mein Wissen unterschrieben hat. Er hat's auf der Börse verspielt gehabt!

Rosa. Aber Johann, das ist ja eine alte Geschichte.

Hofellner. Ja, freilich is alt, aber ich hab's bis heut' in allen Gliedern gespürt. Wir hätten längst sorgenlos leben können. So hab' ich's Geld aufnehmen müssen und hab' noch an manchem Ultimo eine schlaflose Nacht gehabt. Na, glücklicherweise ist's jetzt überwunden und der Winkler hat mir redlich dazu geholfen. Also [Zu Mizi.] sei ganz unbesorgt und verlaß' Dich auf mich. — Nun aber, Kinder, geht hinüber in die Wohnung, wir haben heut' noch Arbeit.

Rosa. Komm' nicht zu spät zum Essen, der Rudolf speist heute mit uns.

Pepi. Auf Wiedersehen, Papa! [Gibt ihm einen Kuß, mit Rosa und Mizi erste Thüre rechts ab. Hofellner links ab.]

3. Scene.

Winkler [tritt von 2 rechts ein].

Nr. 2. Couplet-Entrée.

Den ganzen Tag,
Ach welche Plag'!
Muß rennen ich und laufen.
Früh aufgewacht,
Bis in die Nacht
Kein Rasten, kein Verschnaufen.
Oft fürcht' ich zwar,
Nun ist es gar,
Ich falle endlich todt um.
Das kommt davon,
Wenn man, o Hohn!
In einem Haus Factotum!

Morgens schon um sieben Uhr
Ist vom Schlafen keine Spur,
Darf die Plag' mich nicht erbosen,
Spring' — Pardon — ich in die Hosen.
Nehm' den Kaffee blos im Rennen,
Muß den Mund mir oft verbrennen,
Hab' nicht Zeit zum langen Schmause,
Lauf' recht zeitlich aus dem Hause
Aufzusperren, weil ich eben
Andern muß ein Beispiel geben,
Wie man — köstlicher Genuß —
Seiner Firma dienen muß.

Im Geschäft — potz Sapperment,
Hab' ich immer voll die Händ',
Muß die Waaren fein sortiren,
Nach den Nummern sie cartiren,
Treppe auf und Treppe nieder,
Darf nicht schonen meine Glieder!
Muß die Kunden caressiren,
Ihnen sehr galant hofiren,
Hände küssen, Buckerl machen,
Zeigen ihnen tausend Sachen,
Zeigen Alles, was ich hab' —
Kaufen dann 'nen Schmarr'n mir ab!
Den ganzen Tag .c., c.

[Spricht.]

Meiner Seel', wenn ich noch einmal auf die Welt kommen sollte, werde ich mich zuerst genau erkundigen, was mir bevorsteht. Pardon, Madame — werd' ich sagen, Pardon! Ich mag nicht so kopflos in die Welt hinein, ich muß erst wissen, warum und für was. Bevor ich wieder Commis — Pudelräumer werde — lieber nicht! Reines Pudelleben — denn man muß in einem fort aufwarten dabei. — Unsereins arbeitet immer mit Kopf, Mund, Hand und Fuß. Kommt eine Kunde und bleibt zwei Stunden lang im Geschäft, um ein Fleckerl Stoff auf Qualität, Farbe und Dessin zu studiren, darf der Commis nicht den Kopf verlieren, muß er den Mund am rechten Fleck haben, auf jeden Wink bei der Hand sein und für die Solidität der Firma einstehen. Ich habe als Bub' in diesem Geschäft angefangen, ich genieße das Vertrauen meines Chefs, aber sonst genieße ich gar nichts auf der Welt. Ein Anderer von meiner Tüchtigkeit, Fixigkeit und Verwendbarkeit hätte längst seinen Weg gemacht. Ich mache eine Menge Wege von früh Morgens bis in die sinkende Nacht hinein, aber dabei lege ich nichts zurück, als ein paar hundert Kilometer. Bei mir hört die Rennsaison das ganze Jahr nicht auf. Um acht Uhr Früh bin ich gestartet — in bester Condition natürlich! Habe auf dem Markt am Hof einige Hindernisse genommen, und habe beim Hinaufrennen in die

Creditanstalt einen Beamten von einem durchgegangenen Börsencomptoir und einige Nasenlängen geschlagen. Richtig, Creditanstalt! Wo ist der Herr Chef? Ich habe ja eine Neuigkeit, die schon das Neueste ist, was man hören kann! [Eilt zur Thüre links.] Herr Hofellner — [Will hinein, im selben Augenblick tritt Hofellner heraus.]

4. Scene.
Hofellner. Winkler.

Winkler. Gratulire, Herr Chef —

Hofellner. Ich dank' Dir. Aber mir scheint, Du hast mir heut' schon einmal gratulirt —

Winkler. Ah, nur zum Geburtstage. Aber der Tag scheint noch Anderes zu bringen. Denken Sie sich! Sie schicken mich in die Bank, um zwei Wechsel einzulösen. Und da bring' ich Ihnen das Geld zurück.

Hofellner. Ja, warum denn?

Winkler. Ja, die Sache ist nämlich die: die Wechsel hat schon ein Anderer eingelöst.

Hofellner. Bist närrisch?

Winkler. Ich hab's ja auch nicht geglaubt. Es ist eine merkwürdige Geschichte. Ich kann's auch noch immer nicht verstehen. Also, daß ich erzähl': Ich komme zuerst in die Escomptebank, leg' die 1000 Gulden hin und verlang' den Wechsel. „Das Accept Johann Hofellner." Der Cassier schaut mich groß an — schaut nach, schaut mich wieder an — schaut no amal nach — und dann sagt er: „Was wollen S' denn? Ist ja schon eingelöst, vor einer Stunde." „So — sag' ich — entschuldigen S', wird nicht mehr vorkommen." Ich hab' mich ordentlich g'schämt. Denn, daß ein Geschäftsmann ein' Wechsel zweimal einlöst — das kommt doch sonst nicht vor.

Hofellner. Nein, kommt wirklich nicht vor.

Winkler. Kommt heutzutag' schon selten vor, daß er ihn einmal einlöst. Also ich denk' mir, Sie sein gwiß vor= übergegangen und haben im Vorbeigehen den Wechsel mitgenommen. Es kommt aber noch schöner. Ich gehe alsdann in die Giro=Abtheilung, wo ein Domicil zu zahlen ist. Wie viel war's denn? [Sieht nach.] Gulden 1252 28 Kreuzer. Alles is zahlt — auch die 28 Kreuzer.

Hofellner. Bezahlt?
Winkler. „Herr", sag' ich, „wer hat's zahlt?" „Was kümmert das mich?" schnauzt mich der Cassier an, „Wer den Wechsel verlangt und zahlt, der kriegt ihn." „Ich versteh', ich versteh'" sag' ich — „aber könnten Sie mir nicht vielleicht sagen, ob's Jemand von uns war, der ihn zahlt hat?" Er denkt nach und sagt: „Ich erinnere mich jetzt, es war ein Ungar!" „Ah", sag' ich — damit ich doch etwas red' — „ein Ungar — nachher wird's schon richtig sein" — und bin gangen. Na, und jetzt frag' ich, Herr Hofellner, wer is denn der Ungar, der für ein' Wiener zahlt?
Hofellner. Das muß ein merkwürdiger Ungar sein! Wenn ich nicht wüßt', daß Du ein nüchterner Mensch bist, ich könnt' glauben, Du hast zu viel auf mein Wohl getrunken —
Winkler. Ich bin nüchtern und die G'schicht is so, wie ich's Ihnen erzähl'!
Hofellner. Ja, wer soll denn der Ungar sein, der meine Wechsel einlöst?

3. Scene.
Vorige. Kathi.

Kathi [von rechts 2. Thüre]. Gnä' Herr, ein Herr wünscht Sie zu sprechen. Hier ist seine Karte.
Hofellner [liest]. „Béla von Barny" — den Namen kenn' ich nicht.
Winkler. Barny? Das klingt ja ungarisch.
Kathi. Igen, kérem alásan. War auch ganz glücklich, der Herr, wie ich ihn in seiner Heimatssprache ang'red't hab'.
Hofellner. Kannst also auch ungarisch?
Kathi. Und wie! Bis auf bosnisch kann ich jetzt schon alle Landessprachen: böhmisch, polnisch, kroatisch, serbisch.
Winkler. Der häufige Garnisonwechsel in Wien. — Da hat so ein braves Mädel Gelegenheit, seine Sprachkenntnisse zu vervollkommnen. [Sich besinnend.] Herr Chef, Herr Chef! Der Herr von Barny . . . am Ende ist's unser Ungar, der mit den Wechseln . . .

Hofellner [zu Kathi]. Herein mit dem Herrn.

Kathi. Igen, — ich schick' ihn glei' eini. [Ab.]

Winkler. Wissen S' was, Herr Chef, ziehen wir uns auf eine Weil' zurück und schauen wir uns den Magyar ember ein bissel an, bevor Sie ihn sprechen.

Hofellner. Hast Recht, komm'! [Zieht sich mit ihm nach links zurück.]

6. Scene.

Béla [allein. Dolman, Schnürhose, Cziśmen, Kalpak und Fokos, tritt von rechts zweite Thüre langsam herein, geht bis nach vorne; mit stark ungarischem Accent].

Béla. No hát, Barny Béla, jetzt bist du da bei Hofellner, bewajs, daß bist du echter Ungarmensch und loß dich nicht von Schwob verblüffen. Hat dir dein Cousin Árpád Procura anvertraut, moch' also seine Interessen zu den deinigen und trochte sie bestmöglich zu fördern. Handelt es sich um Tochter von alten Hofellner bácsi, die dajn Cousin heiraten soll, und ist es deine Aufgabe, zu sorgen dafür, daß schnoppt sie nicht ein fene Schwob ihm von der Nose weg. Dos, lieber Béla mußt du um jeden Prajs zu verhindern suchen . . . . Pst! Man kommt.

7. Scene.

Voriger. Hofellner, Winkler.

[Hofellner mit Winkler zurückkehrend.]

Béla [die Sporen aneinander schlagend, stellt sich vor]. Jó regelt kivanok! Hob' ich die Ehre, zu sprechen mit Herrn Hofellner, kérem alásan?

Hofellner. Der bin ich!

Winkler [halblaut]. Ob das der Wechselbalg is!

Béla [mit einem Seitenblick auf Winkler]. Hätt' ich, bitte, in persönlicher Angelegenheit mit Herrn Hofellner zu sprechen.

Winkler. Entschuldigen S', Herr Barny.

Béla. V o n Barny, bitte sehr.

Winkler. Also Herr v o n Barny, richtig, Sie haben ja auch Sporen.

Béla. Echter Ungarmensch hat immer Sporen.

Winkler. Natürlich, wegen der Wechselreiterei.

Béla [für sich]. Aha, wissen schon die Geschichte [Laut.] Kérem alásan, darf ich bitten, mit wem hab' ich eigentlich die Ehre?

Winkler. Ich heiße Theodor Winkler, bin Commis, Buchhalter, Geschäftsführer, kurz, Factotum der Firma Hofellner.

Hofellner [nicht zustimmend zu Barny]. Darf ich bitten.

Barny. Nachdem majne Angelegenheit mich nur zu Herrn Hofellner, kérem, führt, nachdem ich nichts habe zu thun mit dem Herrn Commis, Buchhalter, Geschäftsführer, Packtotum — oder sind Sie, bitte, vielleicht noch etwas?

Hofellner. Laß' uns allein, Theodor!

Winkler. Gut, ich gehe. [Mißt Béla auffallend.]

Béla. Hát, was will der Packtotum von mir? Was gafft er mich an?

Winkler. Ich will mir Ihnen nur gut merken — für ein andermal. [Geht durch die Thüre im Fond ab.]

Hofellner [auf einen Stuhl zeigend, nimmt Platz]. Bitte, womit kann ich dienen?

Béla [Winkler nachblickend]. Kurioser Mensch! [Zu Hofellner.] Bitte erst vorstellen, dann setzen. Bin ich so fraj, mich nach landesüblichem Brauch zu präsentiren. [Schlägt die Sporen aneinander.] Béla von Barny aus Kecskemét, 26 Jahre alt, gesund wie Fogos im Plattensee, feurig wie Szegediner Paprika, weich und gemüthsvoll wie Debrecziner Speck.

Hofellner. Sehr angenehm!

Béla. Debreziner Speck? Will ich majnen! Um kurz zu sein: Bin jetzt schon vierzehn Tage in Wien und habe mich unter den Töchtern des Londes umgesehen.

Hofellner. Ja — was geht das mich an?

Béla. Hat mir kajne Tochter besonders gut gefallen.

Hofellner [unter Zeichen von Ungeduld]. Herr —

Béla. Das Mädchen, das möcht' ich, der Barny Béla, zur thajeren und schöneren Ehehälfte, darf nicht zu alt und auch nicht zu jung sein, darf nicht arm sein, darf nicht ungebildet sein, darf nicht haben Ueberfluß an Schönheitsmangel, darf nicht von geringen Eltern abstammen.

Hosellner [erhebt sich ärgerlich]. Wissen Sie — ein Mädel mit all' den Eigenschaften müßt' ja verrückt sein, wenn's Ihnen nehmen thät'!

Béla [ruhig sitzend]. Verrückt darf sie sajn, kérem.

Hosellner. Bester Herr, mir scheint, Sie haben sich in der Adresse geirrt. Ich bin kein Heiratsvermittler.

Béla. Waiß, waiß ich!

Hosellner. Bin sehr beschäftigt, muß also bitten . . .

Béla [erhebt sich, stellt sich in feierliche Positur]. Also kurz und gut, komme ich als Brautwerber Ihrer Tochter Pepi.

Hosellner. Was, meine Tochter wollen Sie heiraten?

Béla. Wenn's sein muß . . .

Hosellner. Sie sind ein Narr!

Béla. Alter Herr, bitte, beleidigen Sie nicht Ihre Fräulein Tochter.

Hosellner. Kennen Sie denn meine Tochter?

Béla. Bin ich schon zwei Wochen in Wien, besuche ich jeden Abend irgend ein Theater. Nach der Vorstellung gehe ich entweder in's Orpheum oder zu Ronacher — oder zu Volkssänger.

Hosellner. Meine Tochter besucht selten das Theater, solche Etablissements aber gar nie.

Béla. Hát, Sehen Sie, das gefällt mir an Ihrer Tochter so außerordentlich.

Hosellner [sieht auf die Uhr]. Kommen wir zum Schlusse, mein lieber Herr von Barny. In Wien ist es nicht Brauch, daß ein Mann, den man zum ersten Mal sieht und der die Familie, zu der er kommt, noch gar nicht kennt, daß ein solcher Mann, sag' ich, der Haustochter einen Heiratsantrag macht.

Béla. Alter Herr, bitte, mäßigen Sie sich! Was meine Wenigkeit betrifft, so werden Sie ja haben Gelegenheit, mich kennen zu lernen, — und was Ihre Verhältnisse anbelangt, kenne ich sie ganz genau. [Zieht ein Packet Wechsel aus der Brusttasche.] Hier, lieber Schwiegervater in spe, da haben Sie die von Ihnen unterschriebenen Wechsel. Ich hab' sie ajngelöst.

Hofellner [greift nach den Wechseln]. Sie haben — also Sie waren es? — Ja, zu welchem Zweck . . . wenn ich fragen darf?

Béla. Ajnfoch, kérem — bewajse ich Ihnen damit, daß bin ich ajn Mensch, der in soliden, geordneten Verhältnissen lebt, der selbst kajne Schulden hat, und auch nicht will, daß sein Schwiegervater erblich oder sonstwie belostet sein soll.

Hofellner [blättert in den Wechseln]. Meiner Seel', da sind ja Accepte, die noch gar nicht fällig.

Béla. Fällig oder nicht fällig, mir war's gefällig, sie ajnzulösen. Ich hab' eruirt, wo Sie Ihre Wechsel placiren, und hab' sie beplacirt.

Hofellner [überreicht ihm die Wechsel]. Jetzt sind also Sie mein Gläubiger. [Fixirt ihn.] Und glauben mich auf diese Weise zwingen zu können —

Béla [abwehrend]. Dehogy! Denke nicht daran! Behalten Sie die Wechsel. Jetzt sind Sie fremden Menschen nichts mehr schuldig.

Hofellner [mißtrauisch]. Und was schulde ich Ihnen?

Béla. Den gebührenden Respect. Den Betrag schreiben Sie mir in Ihren Büchern gut. Doch jetzt belieben mich Ihren Damen vorzustellen. Gefalle ich der Fräulein — hát — gut. Gefalle ich ihr nicht — hát — auch gut. Dann werde ich mir sagen: Lieber Barny, einen Korb hast Du; pack' Deine sieben Sachen ein und fahr' zurück nach Kecskemet.

Hofellner. Aber die Accepte?

Béla. O, Sie sind mir gut, — wenn mir nur Fräulein Pepi auch so gut sein möcht' . . .

Hofellner. Wenn's Mädel Sie aber nicht mag?

Béla. Also bitte, ist sie noch fraj?

Hofellner. Von mir aus?

Béla. Dann werde ich ebenfalls so fraj sein.

Hofellner [bei Seite]. Was soll ich machen? [Steckt die Wechsel ein.] Warten Sie einige Augenblicke hier, ich muß mich erst besprechen. [Rechts erste Thüre ab.]

Béla. Besprechen Sie!

8. Scene.

Béla [allein]. Hát, ſo majt wäre ich! [Nachdenkend.] Ob ich nicht ſchon zu majt gegangen bin? Daß ich mich mit dem Mädel per procura verloben ſoll, ſo weit geht mein Auftrag nicht. [Achſelzuckend.] Aber fürcht' ich, daß der Pactotum, der Winkler, Abſichten hat auf die Fräulein Pepi und das muß vor Allem verhindert werden. Periculum in Mora, teremtette, wie der Latainer ſagt.

9. Scene.

Vorige. Mizi.

Mizi [aus der zweiten Thüre rechts, halblaut]. Ob der Winkler ſchon da iſt!

Béla [ſie erblickend]. Hát, da iſt ſie ſchon! [Macht eine Reverenz.] Geſtatten Sie mir, daß ich mich Ihnen vorſtelle. Béla von Barny aus Kecskemet.

Mizi [knixt]. Sehr erfreut!

Béla. Hat noch Jede geſagt, gleich bei erſten Anblick, wenn ich mich hab' vorgeſtellt.

Mizi. Sie ſcheinen ein bisserl eingebildet zu ſein.

Béla. Manchmal. Bilde ich mir jetzt beiſpielsweiſe ajn, daß ſind Fräulein von meinen Abſichten ſchon unterrichtet.

Mizi. Wollen Sie unſere Kundſchaft werden?

Béla. Kundſchaft — auch das, wann ſajn muß. Nehme ich Ihnen Alles ab, en gros und en detajl.

Mizi. Ja, was ſoll denn das heißen? Sie ſprechen in Räthſeln —

Béla. In Räthſeln — ja, aber ſoll nicht haißen: Auflöſung folgt. Im Gegentheil, ſtrebe ich Verbindung an. Kurz und gut: Sie gefallen mir, und wenn iſt Ihr Herz noch fraj —

Mizi [lachend]. Das ſieht ja einem Heiratsantrag ähnlich.

Béla. Bizony — Aehnlichkeit iſt ſehr groß, wie photographirt.

Mizi. Thut mit leid, ich bin aber ſchon verſagt.

Béla. Aha — mit dem Packtotum, dem Winkler, nicht wahr — da wird aber nichts daraus! Den schlagen Sie sich gefälligst aus dem Kopf und schmaßen ihn aus Herzen hinaus.

Mizi. Schau, schau — da muß ich doch bitten.

Béla. Aber ich sage Ihnen, das ist kein Mann für Sie. Schauen S' mich an, freß' ich zehn solche Stück in Sauerkraut.

Mizi. Da kennen S' meinen Bräutigam schlecht, den bringen S' nicht so leicht hinunter.

Bela. Bring' ich, bring' ich! Gehör' ich der ritterlichen ungarischen Nation an. Säbel oder Pistole, er hat die Wahl. Entweder er wird erstochen oder todtgeschossen, was ihm angenehmer ist.

Mizi. Es gibt noch ein Drittes.

Béla. Hät. Da bin ich neugierig.

Mizi. Rettungsgesellschaft, Alserstraße Nr. 1. Schwache Abtheilung. [Eilt aus dem Fond ab.]

Béla. Schwache Abtheilung. [Ihr nachblickend.] Gefällt mir gar nicht, möcht' ich mich auf ajgene Rechnung mit der Dame nicht verloben. Aber was will ich machen?

10. Scene.

Béla, Rosa, Pepi, zum Schluß **Hofellner.**

Rosa. [Pepi am Arm, aus der ersten Thüre rechts]. Ist er das?

Béla [sich langsam umwendend]. Gefällt mir gar nicht! [Erblickt die Eintretenden.] Z w e i Frauenzimmer! [Verneigt sich.] Majne Damen?

Rosa. Sind Sie Herr von Barny?

Béla [schlägt die Sporen aneinander]. Aufzuwarten. Béla von Barny.

Rosa. Aus Kecskemet.

Béla. Signalement stimmt. Und mit wem habe ich die Ehre?

Rosa. Mein Mann hat mir gesagt, daß Sie sich uns vorstellen wollen

Béla. Frau Hofellner? [Auf Pepi zeigend.] Und diese Dame?

Rosa. Meine Tochter.

[Pepi knixt.]

Béla [bei Seite]. Jaj — jaj. Da hab' ich jetzt wildfremder, außerdem schon verlobter Person Hajratsantrag gemacht! Hat mir glajch nicht gefallen. [Laut.] Pardon, meine Damen! Bitte belieben sich zu placiren! [Rückt geschäftig Sessel zurecht.]

Rosa. Mein Mann hat mich eingeweiht . . .

Béla. Hat er Sie ajngewaicht? Das ist sehr schön von ihm. [Zu Pepi.] Kérem, belieben sich ebenfalls zu placiren. [Stellt ihr den Sessel zurecht.]

Pepi [setzt sich, bei Seite]. Ein komischer Mensch!

Béla [hat sich zwischen beide gesetzt und ein paar weiße Handschuhe aus dem Rock genommen. Während er sie mit Anstrengung anzieht]. Heißt es schon in heiliger Schrift: Es ist nicht gut, daß der Ungarmensch allajn sein soll. [Bei Seite.] Verfluchter Handschuhmacher. [Laut.] Haißt es weiter in heiliger Schrift: Und darum soll Ungarmensch verlassen Vater und Mutter und soll sich binden. [Zerreißt in Ungeduld die Handschuhe, bei Seite.] Zerrissen, teremtette! [Zu Pepi.] — macht aber nichts. Erlauben Sie, geehrtes Frajlein, daß ich Ihnen mit zerrissenen Handschuhen ein ganzes Herz zu Füßen lege. [Zur Rosa.] Verehrte Frau Schwiegermutter . . .

Rosa [lachend]. Oho! Oho!

Béla. Bitte, sind wir nicht im Parlament! — Fräulein Pepi, ich habe Sie gesehen, — Sie haben mir gefallen, ich habe Erkundigungen eingezogen — ich wäre mit Ihnen sehr ajnverstanden.

Pepi [verlegen]. Aber, mein Herr!

Rosa. Wir sehen Sie ja heut' zum ersten Male.

Béla [sich umwendend]. Macht ja nichts. Denken Sie sich, Sie kennen mich schon seit vier Jahren, ich hab' mich seitdem fast gar nicht verändert. [Sich umwendend.] Schauen Sie, gnädiges Fräulein, verlange ich ja nicht, daß Sie mir gleich an den Hals fliegen, mich umarmen und mir den Brautkuß geben sollen —

Rosa. Wirklich — sehr bescheiden!

Béla [sich umwendend, freundschaftlich]. Hoho — Frau Schwiegermutter — jetzt sprech' ich mit Fräulein Tochter. [Sich umwendend]. Wenn das Läutewerk Ihres Herzens noch

nicht functionirt, lassen Sie mich der Wecker sein. Er=
lauben Sie, daß ich in aller Ehrbarkajt eine Zeit lang
mich Ihnen nähern darf, lernen Sie mich kennen, prüfen
Sie majnen Charakter, und wenn der Barny Béla
Ihnen so nach und nach sympathisch wird, wann Sie
sich werden sagen können, ich glaube, daß ich mit dem
Manne glücklich kann werden, wenn Ihr klajnes Herz
sich regt für mich, no hát, dann — [Sich umwendend.]
Frau Schwiegermutter werden auch Sie kajne Opposi=
tion machen und werden nicht widerstreben, wenn öffne
ich meine Arme und schreie: [Schreit.] Schwiegermutter
kommen Sie an's Herz von Ihrem verehrungsvoll er=
gebenen Schwiegersohn Béla von Barny. [Will sie um=
fassen.]

Rosa [nicht unfreundlich]. Aber Herr von Barny, was treiben
Sie denn?

Béla. Klajner Vorschuß auf spätere Schwiegersohnrechte.

Rosa [heimlich zu Pepi]. Was sagst Du denn zu dem
Herrn.

Pepi [ebenso]. Was gibt es da zu sagen? Der sagt ja Alles
schon selber. [Béla spricht weiter mit ihr.]

Hosellner [aus der Thüre rechts kommend]. Na, wie mir scheint,
redet Ihr Euch ganz gut mit einander.

Rosa [zu ihren Mann]. Ja — das heißt, der Herr Barny
spricht.

Hosellner. So so —

Rosa. Soll ich ihn vielleicht zu Tisch einladen?

Hosellner. Ja, wennst meinst —

11. Scene.

Vorige. Haberfeld [schwarzer Rock, Blumen im Knopfloch,
von zweiter Thüre rechts].

Pepi. Ah, der Onkel!

Haberfeld. Geehrter Herr Schwager — [Stramm.] Am
heutigen Tage, an welchem Du Deinen 60. Geburtstag
feierst, und somit — nämlich daß — kurz und gut mili=
tärisch: Ich gratulire.

Hosellner [reicht ihm die Hand]. Dank' Dir, lieber Schwager.
Erlauben die Herren, daß ich Sie miteinander bekannt
mache.

Béla. Béla von Barny.
Pepi. Aus Kecskemet.
Haberfeld. Hauptmann Rudolf Haberfeld.
Pepi [bei Seite]. Feuerwehrhauptmann.

Stellung:

Pepi, Béla, Haberfeld, Hofellner, Rosa.

Béla. Sehr erfreut!
Hofellner [leise zu Haberfeld]. Du, der ist in die Pepi verliebt und will sie heiraten.
Haberfeld. Ah! [Reicht Béla die Hand.] Sehr erfreut, Ihre Bekanntschaft zu machen. Halten Sie sich schon lange in Wien auf? Wahrscheinlich ein Geschäftsfreund?
Béla. Noch nicht. Mein Princip ist: Zuerst das Vergnügen und dann das Geschäft. [Ergreift die Hand Pepi's.]
Haberfeld [mit einem Blick auf Pepi]. Ich verstehe.
Pepi [sich losmachend, abwehrend]. Nein, nein, so weit sind wir noch nicht, lieber Onkel, — vorläufig will nur er.
Béla. Aber liebes Frajlein... [Spricht leise mit ihr.]
Haberfeld [leise zu Hofellner und Rosa]. Das ist ja ein fescher Mensch. — Wo habt Ihr ihn denn kennen gelernt?
Hofellner [ebenso]. Wir haben ihn ja noch gar nicht kennen gelernt. Wir sind eben dabei —
Haberfeld [ebenso]. Und schon verlobt?
Rosa [ebenso]. Aber nein; er hat zwar angehalten, aber wir müssen doch erst wissen, was an ihm ist —
Haberfeld [ebenso]. Bravo, — nur vorsichtig! Es gibt jetzt so viele Abenteurer, Handels=, Gewerbe= und Industrie= ritter, daß man nicht genug aufpassen kann.
Rosa [ebenso]. Weißt, Bruder, ich hab' ihn zum Mittag= essen eingeladen. Da wollen wir ihn beobachten. Du bist ein Menschenkenner. Du mußt uns helfen!
Haberfeld [auf Béla einen Blick werfend]. Ja, ja! Ueberlaßt das nur mir. Werde schon herauskriegen, was an ihm ist.
Hofellner [laut]. Werden wir bald essen?
Haberfeld. Ihr müßt noch ein bisserl warten. Ich hab' Euch ja geschrieben, daß der Reisinger und seine Frau auch kommen, sie müssen gleich da sein.

Pepi. Da sind sie schon! Grüß Gott, Julie! [Geht ihnen entgegen, begrüßt sie.]

12. Scene.

Vorige. Reisinger, Julie [durch die Mitte].

Reisinger [eintretend]. Unsere besten Glückwünsche. [Begrüßung.]
Rosa. Ich stelle Euch einen Gast vor —
Béla [vortretend]. Béla von Barny, aus Kecskemet.
Julie. Was sehe ich? Sie, Herr Barny? Wir kennen uns ja.
Béla [bei Seite]. Teremtette, ist mir sehr unangenehm! [Laut.] Frajlich, frajlich, sehr angenehm, Gnädige, habe ja in Budapest hajfig die Ehre gehabt! [Sprechen weiter.]
Haberfeld [nimmt Reisinger bei Seite]. Ihr kennt den?
Reisinger. Ein unangenehmer Mensch! War immer zudringlich mit meiner Frau! [Julie tritt dazu.]
Hosellner und Rosa [zu Julie]. Du kennst ihn? Was ist der für ein Mensch?
Julie. O, ich kenne ihn nicht näher. Wir haben uns einige Male gesehen — in Gesellschaft. — Warum interessirt Euch das so sehr?
Rosa. Denk' Dir, er kommt plötzlich wie hereingeschneit und hält um die Hand der Pepi an.
Julie. Was, er will heiraten?
Hosellner. Wahrscheinlich, sonst thut man doch so was nicht.
Rosa [zu Julie]. Geh', sprich mit ihm, hol' ihn ein wenig aus. Die Sache ist so eigenthümlich, wir können sie uns gar nicht erklären. [Zu den Anderen.] Wollt Ihr Euch nicht die schönen Geschenke anschauen, die der Papa heute bekommen hat?

[Winkt Pepi und geht mit ihr und den drei Herren rechts Thüre 2 hinein. Pepi spricht im Abgehen mit Reisinger.]

13. Scene.

Julie, Béla, zum Schlusse **Winkler.**

Julie. Was höre ich, Herr Barny, Sie wollen wirklich — heiraten?
Béla. Wirklich? Ja, das heißt, wie man's nimmt. Das Frajlein gefällt mir sehr gut.
Julie. Aber Sie kennen sie ja kaum. Sie sind heute zum ersten Male da, wie ich höre...

Béla. Ja einmal muß es ja erstesmal sein.

Julie [ernst]. Herr von Barny, ein offenes Wort! Ich kenne Sie als anständigen, wenn auch etwas leichtfertigen jungen Mann. Ich weiß, daß Sie in Pest in vielen Kreisen wohlgelitten waren. — Sie hätten die schönsten Mädchen aus den besten Familien heiraten können —

Béla. Da hab' ich nur Sie geliebt — jetzt aber, wo Sie vergeben sind . . .

Julie. Keine unpassenden Scherze. Was bestimmt Sie, plötzlich nach Wien zu kommen und um die Hand eines Mädchens anzuhalten, das Sie gar nicht kennen?

Béla [nach kurzem Kampf]. Darf ich Ihnen etwas schenken, gnädige Frau?

Julie. Sie wollen mir etwas schenken?

Béla. Vertrauen.

Julie [rasch]. Gewiß

Béla [hält ihr die Hand hin]. Ihr Manneswort, das verrathen Sie mich nicht!

Julie [nimmt die Hand]. Mein Ehrenwort!

Béla. Richtig, Manneswort haben Sie kajnes. Also Ehrenwort. Und jetzt bitte, leihen Sie mir gnädiges Ohr. Bitte, setzen wir uns. [Schaut sich um, ob Niemand lauscht.] Wir sind allein. Sie kennen ja meinen Onkel Florian Barny, den Gutsbesitzer in Kecskemet und seinen Sohn, den Arpad?

Julie. Sie haben mir von den Herren erzählt. Der Sohn soll ein Taugenichts sein und mit einer Chansonnettensängerin . . .

Béla. Verhältnisse bestimmen den Menschen. Uebrigens ist der Arpad ein etwas beschränkter, aber ein seelenguter Bursche. Also hören Sie. Unsere Familie ist schwobischer Abkunft und hat früher ajnmal Bandl gehajßen. Majn Vater, Gott hab' ihn selig, war schon als Kind nach Ungarn gekommen und hat sajnen Namen in Barny verändert Der Onkel Florian hat vor 25 Jahren noch Bandl geheißen, war in Wien Fabrikant und . . .

Julie. Doch nicht derselbe Bandl, der Compagnon des Herrn Hofellner gewesen und ihn um sein Vermögen gebracht hat?

Béla. Derselbe, gnädige Frau. Florian Bandl hat hajmlich auf der Börse gespielt und Schulden auf Rechnung der Firma gemacht. Wie er gesehen hat, daß geht es so nicht wajter, ist er selber heimlich gegangen wajter — aber nicht nach Amerika — dort erwischt man ja Alle, sondern nach Ungarn. Majn Voter — Gott hab' ihn selig — hat den Onkel Florian brüderlich aufgenommen. Der Onkel hat sajnen Nomen Bandl ebenfalls in Barny umgewandelt, nahm ein Wajb, zeugte ajnen Sohn und . . .

Julie. Starb?

Béla. Nein. So wajt halten wir noch nicht. Er lebt, ist ajn sehr rajcher Mann und will an seinem Lebensende so viel als möglich gut machen, was er an seinem gewesenen Compagnon Hofellner verschuldet hat.

Julie. Ich fange an zu verstehen. Er schickt Sie nach Wien, um Pepi zu heiraten. Stimmt's?

Béla. Nicht ganz. „Arpad", sagte er zu seinem Sohne, majnen Cousin. „Ich habe eine Viertelmillion Gulden im Vermögen. Du gehst nach Wien lernst die ajnzige Tochter majnes gewesenen Compagnons kennen. Gefällt sie Dir — gut, dann hajrate sie. Gefällt sie Dir nicht, oder gefällst Du ihr nicht, und sie hajratet ajnen Anderen, dann auch gut, dann bekommt sie aber die Hälfte majnes Vermögens."

Julie. Das ist schön! Nun und Arpad?

Béla [kratzt sich am Kopf]. Er hat's gemacht, wie ich es jetzt mache. Die Geschichte war ihm sehr unangenehm. Er hat Angst gehabt, sajnem Voter einzugestehen, daß er mit der Chansonnettensängerin, der Jeanette Waldeck . . .

Julie. Bah, Chansonnettensängerinnen — das ist eine Geldfrage.

Béla. Sie irren, Gnädige. Diese Damen haben jetzt fast schon so großen Ehrgeiz wie die Balletmädeln, wollen auch gehajratet sein. Um sajnem Vater zu gehorchen, will er ihr hajmlich durchbrennen. Aber die Jeannette riecht den Braten, und läßt den Arpad nicht los. Er muß sie mitnehmen auf die Reise. In Budapest steigt er aus, der Arpad, und kommt zu mir. „Béla," sagt er, „Frajnd, Cousin! Du mußt mir helfen!" Aha, sag' ich, möchtest Deine Chansonnettensängerin los werden? „Ja, sagt er, — aber kann ich nicht, laßt sie mich nicht aus den Augen, wartet sie auch jetzt unten im Wagen auf mich! Sie ist im Stande und reist mir nach und macht mir Skandal. — Dann nimmt mich doch das Wiener Mädel auf keinen Fall. Kann ich's nicht darauf ankommen lassen. Da ist mir was eingefallen. — Geh' Du als mein Stellvertreter, als mein Procurist nach Wien, führe Dich so vortheilhaft als möglich bei Hofellner ein, und verhindere, daß seine Tochter, bevor ich nach Wien komme, sich mit ajnem Anderen verheiratet."

Julie. Und Sie sind also —

Béla. Nach Wien gekommen, habe mich sehr schlau und vortheilhaft bei Hofellner eingeführt, und —

Julie. Wollen sich mit Pepi verloben?

Béla. Wenn sajn muß, aber nur per procura. Und auch das nur im äußersten Falle. Und wenn der Arpad mit der Chansonnettensängerin in Ordnung wird sein, dann kommt er her, tritt an majne Stelle und führt die Braut heim.

Julie [sich erhebend]. Wissen Sie, daß das Alles sehr frivol ist?

Béla. Dehogy! [Sich ebenfalls erhebend.] Was hätt' ich aber machen sollen? Er hat mir so lange zugeredet, mich so lange gebeten, bis ich habe versprochen —

Julie. Da werde ich ja sofort — [Will durch die Thüre rechts.]

Béla [hält sie zurück]. Vergessen Sie Ihr Manneswort nicht!

Julie. Aber ich kann doch nicht zugeben —

Béla. Was liegt denn daran? Ganze Geschichte wird höchstens einige Tage dauern. — Vielleicht kommt er heute schon oder morgen. Fräulein Pepi wird sich nicht so schnell in mich verlieben.

Julie. Und Sie? Sind Sie Ihrer so ganz gewiß?

[Winkler wird im Hintergrund sichtbar.]

Béla. Meiner — oh, ganz gewiß. Ich hätte mich nur in eine einzige Frau verlieben können, und das wären Sie gewesen. Sie wissen, daß Sie im ledigen Stande großen Eindruck auf mich gemacht haben.
Julie. Ich?
Béla [ergreift ihre Hände]. Hätt' ich Sie, gnädigste Frau, sicher geheiratet, wenn nicht Ihr Mann mir, Gott sei Dank — will ich sagen leider, zuvorgekommen wäre. [Geht mit Julie rechts erste Thür ab.]
Winkler [ist bei den letzten Worten eingetreten]. Was ist denn das? Die Zwei scheinen ja recht gut mit einander zu stehen —

14. Scene.

Winkler. Dann **Mizi.** [Von rechts zweite Thüre.]

Winkler. Dieser Mensch hat eine Art sich zu benehmen — [Zu Mizi, die eintritt.] Sag', Mizi, was hältst Du von dem Ungar?
Mizi. Gar nichts halt' ich von ihm. Denke Dir, er hat mir, ohne mich zu kennen, gleich beim Hereinkommen einen Heiratsantrag gemacht.
Winkler. Was?
Mizi. Vom Fleck weg hat er mich heiraten wollen!
Winkler. Dich auch?
Mizi. Ja, wen denn noch?
Winkler. Aber Kind, er will ja die Fräulein Pepi heiraten.
Mizi. Die Pepi? Nicht möglich!
Winkler. Es ist aber doch so. Ein unangenehmer Mensch. Mengt sich in unsere Geschäfte, löst Wechsel für die Firma Hofellner ein und bildet für uns ein Ehehinderniß. „Winkler", hat der Chef jetzt gerade zu mir gesagt, „die Geschichte mit dem Ungarn macht einen Strich durch Eure Rechnung. Bevor ich nicht weiß, was mit dieser Sache ist, kann von Deiner Ernennung zum Compagnon, also von Eurer Hochzeit nicht die Rede sein".
Mizi. Ja warum denn nicht?
Winkler. Die G'schicht' is halt so. Bis jetzt hat der Chef daran gedacht, sich langsam vom Geschäft zurückzuziehen. Das Haus ist ja schuldenfrei und das reicht für seine

Bedürfnisse aus. Jetzt kommt der Ungar, der vielleicht weiß Gott was für Ansprüche macht. Denn das mit die Wechsel is sicher nur ein Pflanz.

Mizi. So schön! Der denkt vielleicht an nichts Ernstes und am Ende läßt auch Du mich sitzen. Dann kann ich eine alte Jungfer werden. Und ich habe mich [Salbungsvoll.] für den heiligen Ehestand schon so schön vorbereitet.

Winkler. Ich hab' ja auch mein Junggesellenthum schon so gut wie an den Nagel gehängt. [Ein Buch aus der Tasche ziehend.] Was glaubst Du, was das für ein Buch ist? „Führer durch den Ehestand — damit er nicht werde zum Wehestand". [Gibt es ihr.]

Mizi. Danke, bin schon versehen. [Zieht gleichfalls ein Buch hervor.] „Die Kunst verheiratet und doch glücklich zu sein."

Winkler. Na also! Da kann doch vom Sitzenbleiben nicht die Red' sein.

Duett-Couplet.

Mizi [liest].

Freund, stehst Du vor dem Traualtar,
Dann mußt Du Treue schwören.
Hier wirst Du auch zum letzten Mal
Vom Weib ein Jawort hören.
Sei zärtlich immer und galant
Und artig, Eh'jochwand'rer,
Geliebt, gekost will sein die Frau —
Thust Du's nicht, thut's ein And'rer!

Winkler.

Die Liebe steht in keinem Buch,
Sie läßt sich nicht studiren,
Es steht die Lieb' im Herzen bloß,
Die Lieb' muß man probiren.

[Liest.]

Steht's Mädchen vor dem Traualtar
Und heißt's in Gottes Namen:
„Es soll der Mann Dein Herr stets sein",
Dann sagt sie: Ja und Amen!
Geloben soll Gehorsam sie,

Dem Gatten stets zu zollen
Und kommt er Nachts zu spät nach Haus,
Darf sie mit ihm nicht schmollen!

Beide.

Die Liebe steht in keinem Buch,
Sie läßt sich nicht studiren;
Es steht die Lieb' im Herzen bloß,
Die Lieb' muß man probiren.

Winkler.

Wenn wir nur einmal Mann und Weib,

Mizi.

Das wird ein herrlich Leben!

Winkler.

Wir werden dann zum Zeitvertreib

Mizi.

Uns nix als Busserl geben!

Winkler.

Des Morgens eil' ich in's Comptoir
Und arbeit' ohn' Versäumniß
Und tracht', daß ich viel Geld erspar',
Der Zweck ist mein Geheimniß!
Um Neun schon seh' ich auf die Uhr
Und schau' nicht auf die Kunden —
„Ja, geht die recht? Was Zehn ist's nur?
Bis Zwölf ach, noch zwei Stunden!"
Jetzt schlagt es Eilf, ich echapir',
Mich quält zu sehr das Heimweh,
Daß ich nur schneller bin bei Dir,
Benütz' ich nie die Tramway.

Mizi.

Und 's Papperl Mittags... Mannerl nimm...

Winkler.

Und 's Nachtmahl erst... Geh' Weiberl schau'..

[Will sie küssen.]

Mizi [sich wehrend].

Geh', Mannerl, na — Du bist zu schlimm!

Winkler [sie an sich ziehend].

Geh' Tschap! Du bist ja meine Frau!

Beide [die Bücher tauschend].

Die Liebe steht in keinem Buch
Sie läßt sich nicht studiren;
Es steht die Lieb' im Herzen bloß
Die Lieb' muß man probiren!

Der Vorhang fällt.   Ende des ersten Actes.

Zweiter Act.

[Wohnzimmer bei Hofellner. Gut bürgerlich möblirt. Thüren rechts, links und im Fond rechts; im Fond links Erkerfenster.]

1. Scene.
Hofellner. Rosa. [Beim Frühstück.]

[Hofellner zündet sich die Pfeife an und seufzt tief. — Rosa seufzt ebenfalls. Sie räumt den Tisch ab.]

Hofellner. Warum seufzest Du denn, mein Kind?

Rosa. Warum hast denn Du geseufzt?

Hofellner. Ich? — Ich habe geseufzt? Was fällt Dir ein? Warum sollte ich seufzen? [Haut auf den Tisch. Außer sich.] Himmelherrgott, wenn der Mensch — wenn der Barny nicht endlich Ernst macht — dann, meiner Seel', mach' ich Ernst.

Rosa. Ja, mein Lieber, das sind die Folgen. Es war halt nicht richtig, einem fremden Menschen, den man nicht kennt, die Tochter an den Hals zu werfen.

Hofellner. Wer hat geworfen?

Rosa. Du! Natürlich Du!

Hofellner. Ich? — War ich's, der ihn gleich zum Essen eingeladen hat? Hab' ich ihm die besten Bissen vorgelegt? Hab' ich ihm jeden Tag eine andere Paprikaspeise vorgesetzt? Hab' ich damit geprahlt, daß unsere Pepi eine so gute Hausfrau ist, daß sie das beste Gulyas kochen kann?

Rosa. Das war meine Pflicht als Mutter. Du aber warst gleich mit Allem einverstanden, hast Dich mit dem Herrn gleich in der ganzen Stadt gezeigt —

Bosellner. Warum hät' ich's denn nicht thun sollen? Er halt um's Mädel an —

Rosa. Ja, aber jetzt halt er's hin. So oft von der Verlobung die Rede ist, kriegt er alle Zuständ'! Zuerst bestimmt er selbst als Verlobungstag den 15. November, dann sagt er plötzlich, es geht nicht —

Bosellner. Da hat er als Ungar nicht Unrecht gehabt. Es ist ihm erst später eingefallen, daß der 15. November ein Trauertag für Ungarn ist — weil an dem Tag vor so und so viel Jahren die Schlacht bei Mohacs war, wo's fürchterlich niedergepragt worden sind, die Herren Ungarn —

Rosa. Gut. Wir machen also ab, die Verlobung wird am Neunundzwanzigsten sein. [Copirt ungarisch.] „Ausgezaichnet", sagt er, „poßt mir sehr gut, liebe Schwiegereltern". Später kommt er und sagt: „Geht doch nicht — der Neunundzwanzigste poßt mir auch nicht."

Bosellner. Da hat er alsdann auch nicht ganz Unrecht gehabt. Er hat nämlich übersehen, daß an dem Tag vor so und so viel Jahren die Niederlage bei Vilagos war und — man kann von ein' Ungarn nit verlangen, daß er an dem Tag —

Rosa. Wir setzen also die Verlobung für den 8. December an. Ich studir' die ungarische Geschichte — und find', daß an dem Tag den Ungarn, Gott sei Dank, nichts Unangenehmes passirt ist. Was thut der Herr von Barny? Er sagt: Er kann net, weil er einen Cousin erwartet und der Cousin kann unmöglich am 8. December nach Wien kommen. Was geht denn uns der Cousin an! Man kann einen Vater, einen Bruder, meinetwegen einen Onkel erwarten — aber einen Cousin — ein Cousin ist doch zu einer glücklichen Ehe nicht unbedingt nothwendig.

Bosellner. Im Gegentheile.

Rosa. So was war noch nicht da —

Bosellner. Nein — so was war noch nicht da. [Sieht auf die Uhr.] Wo nur Dein Bruder, der Hauptmann, bleibt? Er hat versprochen, uns heute Näheres über diesen

Herrn zu sagen. Geh', stell' einen Cognac auf den
Tisch. Dann wird der Hauptmann nicht lang' auf sich
warten lassen, den wittert er —

Rosa [nimmt ein Cognac=Service und stellt es auf den Tisch]. Zeit
ist es, daß was geschieht, sonst ist das Mädel für immer
compromittirt.

Haberfeld [draußen]. Grüß' Gott, Kathi! [Im Eintreten Kathi
in die Wange kneifend.]

[Rosa hustet.]

Hofellner. Aha — der Cognac wirkt!

2. Scene.

Vorige. Haberfeld [vom Fond].

Haberfeld. Guten Morgen, Schwester, guten Morgen,
Schwager! [Geht an den Tisch, schänkt sich ein Glas ein und
trinkt.]

Beide. Nun?

Hauptmann. Allen Respect! Ein prächtiger Schnaps!

Rosa. Also setz' Dich und red'! Was hast Du erfahren?

Haberfeld. Bisher nicht viel! [Bewegung der beiden Hofellner.]
Aber nur Geduld! Heute möchte ich einmal ausführlich
mit der Pepi sprechen. Vielleicht kann man durch sie
auf die richtige Spur kommen.

Hofellner [zu Rosa]. Was glaubst Du?

Rosa. Gut. Fragen wir sie. Ich hol' s'. [Rosa ab nach rechts.]

Haberfeld [zu Hofellner]. Laß' nur mich machen, Schwager, wir
werden dem Magyarember schon den Herrn zeigen.

3. Scene.

Vorige. Rosa, Pepi.

Pepi. Du wünschest, lieber Papa? Guten Morgen, Onkel!
[Reicht Haberfeld die Hand.]

Haberfeld [trinkend]. Brrr! — Guter Cognac —

Rosa. Setz' Dich, liebes Kind, wir haben mit Dir zu reden.
Also sag', was ist's eigentlich mit dem Béla? Welchen
Grund hat er, die Verlobung fortwährend heraus=
zuschieben? Hat er Dir vielleicht etwas darüber ge=
sagt?

Pepi [scheu]. Ja, ich weiß gar nichts. Nicht mehr als Ihr. Er ist aufmerksam, zuvorkommend, liebenswürdig, ich kann mich gar nicht über ihn beklagen. — Da schau', was er mir heute wieder für ein schönes Bouquet geschickt hat. [Bringt es.]

Haberfeld [trinkt]. Ein gutes Bouquet! [Schnalzt.] Und was sagt er sonst?

Pepi. Aber Onkel.

Haberfeld. Ich meine mit Mohacs und Villagos.

Pepi. Ja, das versteh' ich nicht. Gestern sagte er: Den 12. December ist unsere Verlobung, und einige Minuten später fällt ihm ein: Der 12. December ist der Todestag des Hunyady János —

Haberfeld. Was? Der Bitterwassermann?

Pepi. Aber nein. Der Freiheitsheld —

Haberfeld. Deswegen? Das ist lächerlich. Ein Mensch, der sich verheiraten will, hat sich um Freiheitshelden nicht zu kümmern —

Rosa und Hofellner. Nun, und weiter?

Pepi. Weiter war nichts. Wir haben dann von anderen Dingen gesprochen. Ich kann ihn ja doch nicht drängen —

Haberfeld. Da hat das Mädel Recht. Das ist nicht ihre, das ist unsere Sache. Jetzt werde ich mit ihm reden. Ich mische mich zwar nicht gerne in Familienangelegenheiten, aber da ist es meine Pflicht. Wenn er also kommt, laßt mich allein mit ihm. [Immer lauter werdend.] Ich habe die Geschichte satt, das lasse ich mir nicht länger bieten. Man kommt nicht so — Dir nichts, mir nichts in eine anständige Familie, compromittirt ein Mädchen und verschanzt sich hinter den Hunyady Janos —

Pepi. Aber lieber Onkel, schreien Sie nicht so! Es ist 11 Uhr. Um die Zeit kommt er gewöhnlich.

Haberfeld. Ich schreie erst recht, und bitte Euch — terrainfrei. Meine Ehre, Eure Ehre, unsere Ehre steht auf dem Spiel! Da läßt Hauptmann Haberfeld nicht mit sich spaßen, — zieht Euch zurück, heute soll er's mit mir zu thun haben.

Rosa. Aber Bruder!

Pepi. Aber Onkel!
Hofellner. Du darfst Dich nicht hinreißen lassen —
Haberfeld. Habt Acht, rechtsum, marsch —
[Hofellner, Rosa und Pepi rechts ab.]

4. Scene.

Haberfeld allein, dann **Winkler** [vom Fond].

Haberfeld. Und jetzt, mein lieber Herr von Barny — [Dreht sich den Schnurrbart.] zu uns beiden. Was glaubt denn der Herr von Barny so eigentlich? [Winkler vom Fond.] Ah, Sie sind's, Winkler? Ich habe geglaubt, der Barny. Da hab' ich mich umsonst in Bereitschaft gesetzt. Sagen Sie, lieber Winkler, Sie sind ja ein „gescheidter" Mensch, was halten Sie von der Geschichte mit dem Barny?

Winkler. Ja, ich hab' darüber von allem Anfang an meine eigene Ansicht.

Haberfeld. So! Wissen Sie, ich hab' meinem Schwager und meiner Schwester versprochen, mich der Sache anzunehmen — und da möchte ich halt gerne —

Winkler. Wissen Sie, Herr Hauptmann, ich hätte wohl einen Verdacht .. Aber man spricht's nicht gerne aus! Können Sie schweigen?

Haberfeld. Dann können Sie's auch. Alter G'spaß' —

Winkler. Nein, nein, nein. Aber Hand darauf, daß Sie mich nicht verrathen —

Haberfeld [reicht sie ihm]. Cavaliers-Parole —

Winkler. Eine andere Garantie wäre mir lieber! Kurz und gut — es ist eine Dame da —

Haberfeld [sich umwendend]. Wo?

Winkler [ihn umwendend]. Aber nein! Diese Dame hat er einmal irgendwo in Ungarn kennen gelernt. Dabei wär' nichts Arges. Er hat sie wieder vergessen. Nun kommt er nach Wien — sieht Fräulein Pepi — sie gefällt ihm — er verliebt sich! Da taucht unglücklicherweise die alte Flamme hier wieder auf. Sie, eine Kokette — macht ihm Avancen — er — ein Dummkopf, läßt sich fangen — na — und jetzt verschiebt er die Verlobung von einem Tag zum andern. Das ist das ganze Geheimnis —

Haberfeld. Ist das möglich?
Winkler. Es ist so —
Haberfeld. Wer ist die Dame?
Winkler. Ich werde ihren Namen nicht nennen! Ich könnt' sie beschreiben, aber ich werd's nicht thun, denn ich bin discret. Ich will nur verrathen, daß sie schlank ist, brünett, jung, verheiratet — mit Ihnen sogar ein bisserl verwandt — und daß sie auch sehr oft — in's Haus kommt.
Haberfeld. Wer kann das sein? Halt, die Mizi, ihre Mizi.
Winkler. Unsinn! Die ist doch blond und leider noch unverheiratet. Strengen Sie nur Ihr Posenkammerl an.
Haberfeld. Ich hab's, die Frau von Reisinger.
Winkler. Ich hab's nicht verrathen. Discretion ist Ehrensache.
Haberfeld. Das ist stark.
Winkler. Das hab' ich auch g'sagt —
Haberfeld. Eine so hübsche, anständige Frau!
Winkler. Die aber Sie, Herr Hauptmann, sehr gerne sieht.
Haberfeld. Plauschen S' kein' Unsinn!
Winkler. Ich weiß, was ich sag'. Machen Sie die schöne Frau aufmerksam auf den Paprika-Cavalier und sie wird seinen Zudringlichkeiten ein Ende machen. An Ihnen ist es, die beleidigte Familienehre zu vertheidigen.
Haberfeld [lebhaft]. Werd' ich! Werd' ich!
Winkler [fortfahrend]. Dieser Mensch blamirt Ihre Nichte, compromittirt eine verheiratete Dame, eine so anständige Frau —
Haberfeld. Pfui Teufel! [Zu ihm weiter.] Sie glauben also wirklich, daß ich auf Frau Reisinger Eindruck gemacht hab'?
Winkler. Ich glaub', was ich sehe, aber ich will nichts gesagt haben — gar nichts will ich gesagt haben. [Ab nach links.]

5. Scene.
Haberfeld allein, dann **Béla**.

Haberfeld. Na ja, warum denn auch nicht? [Sieht in den Spiegel.] Ich bin nicht mehr ganz jung, aber solid! . .

So eine Frechheit! — Verlobt sich mit einem Mädel und läuft einer verheirateten Frau nach! Verfluchter Kerl! Mach' ein End', — sonst leg' ich eine Schlauch= linie gegen Dich an, daß Dir die falsche Seele wie ein Pfeil aus dem Leibe fliegt, elender Taugenichts! Wind= verdrehter Paprikastengel!

6. Scene.

Haberfeld. Béla.

Béla [ist bei den letzten Worten vom Fond eingetreten]. Ent= schuldigen, wenn störe ich. Mit wem unterhalten Sie sich da so liebenswürdig?

Haberfeld [sich umwendend]. Da ist er. [Sehr freundlich.] Servus, lieber Béla. Wie geht's? Sie kommen mir sehr gelegen —

Béla [reicht ihm die Hand]. Hát. Erwort' ich es nicht an= ders von so liebenswürdigem Herrn Onkel.

Haberfeld. Setzen wir uns. Sprechen wir recht gemüthlich mit einander. [Setzen sich.] Wir haben soeben Familien= rath gehalten und die Verlobung für den 19. December, also auf einen Sonntag, festgesetzt.

Béla [für sich]. Ebatta, fängt der jetzt auch an? [Laut.] Sehr gut — sehr gut — dank' ich Ihnen, Herr Onkel! [Reicht ihm die Hand.]

Haberfeld. Also Sie sind einverstanden?

Béla. Aber natürlich! Wie denn nicht! 19. December? Warten Sie — Jaj, jaj! — Grod' der Tog paßt mir nicht!

Haberfeld [für sich]. Aha! [Laut.] Warum paßt er Ihnen nicht, lieber Herr von Barny?

Béla. Am 19. December 1213 ist König Ladislaus der Hajlige bei Großwardein gefollen. Waiß noch heute kein Mensch, wo er ist begraben. On ajnem solchen Tog — werden Sie einsehen —

Haberfeld [aufspringend]. Ich sehe gar nichts ein. Aber was ich sehe, ist, daß Sie ein unverschämtes Spiel mit uns treiben.

Béla. Unverschämt? [Sanft.] Ober, ober, Herr Hauptmann, gibt es ja Grenzen der Ortigkeit — überschreiten wir diese Grenzen nicht —

Haberfeld. So reden Sie mit mir, wie man mit einem vernünftigen Menschen in einer so wichtigen Angelegenheit spricht.

Béla. Möcht' ich ja gerne.

Haberfeld. Lieben Sie meine Nichte?

Béla. Bet' ich sie an.

Haberfeld. Warum dann diese lächerlichen Vorwände, um die Hochzeit hinauszuschieben?

Béla [bei Seite]. Ebadta! Mir scheint, der weiß mehr, als nothwendig ist. [Laut.] Aber lieber Herr Hauptmann — [Bei Seite.] Wos sog' ich ihm nur? [Setzen sich, laut.] Sogen Sie, Herr Onkel, bitte, wo lossen Sie sich rasiren? Bin ich schon bei dritten Raseur in Wien — mich kann keiner anständig rasiren. Sie sind immer so glatt. Gewiß baj Ungar. Rasiren kann wirklich nur Ungar ... oder Serb'. Serb' auch!

Haberfeld [für sich]. Aha, er will auskneifen. [Laut.] Nun, mich werden Sie nicht über den Löffel barbiren. Ich weiß, was hinter der ganzen Verzögerung steckt — ich weiß Alles.

Béla. Gott sei Dank! Ist mir wirklich sehr ongenehm. Hát, was wissen Sie Alles?

Haberfeld [im gemüthlichen Ton]. Sagen Sie mir einmal, wie gefällt Ihnen Frau von Reisinger?

Béla. Sehr liebe Frau, hat mir immer sehr gut gefallen .. in Budapest hab' ich ihr sogar die Cour gemacht.

Haberfeld. Sie gestehen es also?

Béla. Gestehen? Was denn? Kérem?

Haberfeld. Daß Sie in die Dame verliebt sind?

Béla. Verliebt? In wen?

Haberfeld. Na, in Frau Reisinger.

Béla. Schlechter Witz, Herr Hauptmann!

Haberfeld. Sagen Sie es gerade heraus. Wir sind ja Männer unter uns. Unter Männern kann man ja Alles sagen. Sie sind verliebt.

Béla [pufft ihn auf den Bauch]. Sehr gut! Spaßvogel!

Haberfeld. Puffen Sie nicht! Ich will Ihnen sagen, wie es gekommen ist. Sie haben Frau von Reisinger vor zwei Jahren kennen gelernt, sie war damals unverheiratet. Sie haben Ihr den Hof gemacht. Sie kommen nach Wien, lernen meine Nichte kennen — das Mädel gefällt Ihnen, Sie halten um sie an. Da taucht plötzlich Ihre erste Liebe wieder auf! Sie ist verheiratet, das macht aber nichts. Im Gegentheil! Ihre Liebe erwacht auf's Neue. Jetzt wird Ihnen die Verlobung mit meiner Nichte unangenehm. Sie möchten jetzt heraus aus der Geschichte und darum erfinden sie die vielen historischen Ausreden. Stimmt's, Herr Hunyady János?

Béla. Barny! Béla von Barny! Bewundere ich Ihren Schofsinn, Herr Onkel!

Haberfeld. Was Onkel, der Teufel ist Ihr Onkel! Entweder Sie bestimmen jetzt den Tag der Verlobung, oder Alles ist aus, und Sie geben mir Genugthuung für die Beleidigung, die Sie meiner Familie zugefügt haben.

Béla. Aber lieber Herr Hauptmann — durchschau' ich ja Ihr ganzes Spiel. Spricht nicht besorgter Onkel aus Ihnen, sondern Eifersucht des Verehrers.

Haberfeld. Wie?

Béla. Habe ich sehr gut gemerkt, daß hat Frau Reisinger tiefen Eindruck auf Sie gemacht. Gönne sie Ihnen von ganzem Herzen. Was aber meine Verlobung betrifft, sagt schon schwobischer Dichter: Lossen Sie mir drei Tage Zeit, bin ich dann zum Sterben berajt. Erwarte ich eine wichtige Depesche — kann viellajcht schon eingetroffen sein. Und dann ist kein Hindernis mehr.

Haberfeld. Sie werden also heute noch den Tag bestimmen.

Béla. Bestimmt, wird bestimmt! [Will ab.]

Haberfeld [hängt sich in ihn ein]. Pardon, glauben Sie, daß Frau Reisinger für mich wirklich etwas empfindet?

Béla. Glaub' ich, und mein Glaube macht jetzt Sie selig.
[Beide Fond ab.]

7. Scene.

Winkler, Kathi, dann **Pepi.**

Winkler [von links kommend, geht an die zweite Thüre rechts, steckt den Kopf hinein und ruft]. Pst! Kathi! Kommen S' auf ein' Augenblick herein! Kathi! Katinka!

Kathi [in der Thüre erscheinend]. Zo?

Winkler. Heut' fliegt's auf's Böhmische. Sagen S', Sie Sprachkünstlerin, ist Fräulein Mizi da?

Kathi. Ano.

Winkler. Is jetzt ein böhmisches Regiment eingerückt? He?

Kathi [grinsend]. To je!

Winkler. So schicken S' mir's Fräulein böhmisch herein.

Kathi. Dobře! [Rechts ab.]

8. Scene.

Winkler allein, dann **Mizi.**

Winkler [lebhaft auf und ab gehend]. Großartige Geschichte, jetzt glaub' ich, sind wir auf der richtigen Spur.

Mizi [von rechts]. Was gibt's, warum störst Du mich? Such' eben mit Fräulein Pepi den Stoff zur Verlobungs-Toilette aus.

Winkler. Es verlobt sich nichts, es wird sich noch lange nichts verloben, es gehen schauderhafte Dinge vor .. [Läuft immer auf und ab.]

Mizi. Was ist denn? Red'! [Hält ihn auf.] Ausg'halten.

Winkler. Also kurz. Der Ungar hat's auf einen Schwindel abgesehen. Er will gar nicht heiraten. [Geheimnisvoll.] Kennst Du ein Fräulein Jeanette Waldek?

Mizi. Jeanette Waldek? Ja, ich erinnere mich ... so eine Tanzschulfreundschaft; später ist sie zum Theater gegangen und seitdem habe ich nichts weiter von ihr gehört.

Winkler. Die ist jetzt da, unten im Comptoir.

Mizi. Was will's denn?

Winkler. Sie hat mit Dir zu sprechen. Ich hab's aushol'n wollen und hab' ihr g'sagt: Meine Gnädige, das Fräulein ist beschäftigt, aber vor mir hat's keine Ge=

heimnisse, ich bin quisi=quasi ihr Bräutigam, in welcher Angelegenheit, wenn ich bitten darf? Aber es war nichts herauszukriegen aus ihr. Nur das Eine hat's g'sagt, es handelt sich um Herrn von Barny. Kannst Dir denken, wie ich da g'sprungen bin. Bitt', sag' ich, folgen Sie mir, ich führ' Sie zur Fräulein Mizi. [Geht zur Thüre links.] Und da ist sie.

9. Scene.
Vorige. Jeanette [von links].

Jeanette [auffallend costümirt, keck, resolut im Gehaben, rasch auf Mizi losgehend und ihre Hände ergreifend]. Servus, Mizi!
Mizi [verlegen]. Fräulein Jeanette! [Sie anstarrend.] Was ist denn aus Ihnen geworden?
Jeanette. Operettensängerin, Soubrette, Chanteuse. [Singt nach der Melodie aus der Fledermaus.] „Das ist einmal so Sitte — chacun à son goût".
Mizi. Sie waren ein so schüchternes Mädchen ...
Winkler. Ja, man ändert sich.
Jeanette. Stimmt, Herr Bräutigam!
Mizi [unangenehm berührt]. Was führt Sie zu mir?
Jeanette. Kannst mich ruhig butzen ... wir sind ja alte Freudinnen.
Winkler. Natürlich! Wenn S' wollen, Fräulein Jeanette, dutz' ich Ihnen auch.
Jeanette [auf Winkler zeigend]. Muß denn der in Alles dreinreden?
Mizi. Mein Bräutigam.
Jeanette. Ich weiß, er hat mir's schon an die Nase ge= bunden.
Winkler [eifrig]. Ich hoff', wir werden noch Freunde. Also, was ist's mit dem Herrn von Barny?
Jeanette. Da muß ich ein bissel ausholen. Setzen wir uns. [Setzt sich auf einen Lehnstuhl.] Voriges Jahr hab' ich mit unserer Gesellschaft in Kecskemet gastirt. Lerne dort einen jungen Gutsbesitzer kennen, einen feschen, flotten Menschen — und verlieb' mich in ihn.
Winkler. Barny!

Jeanette. Stimmt. Er verliebt sich auch in mich, verspricht mir's Heiraten und ich opfere ihm zu Liebe — [Stolz.] die Kunst.

Winkler [reicht ihr die Hand]. Das war von Ihnen sehr großmüthig. Eine Chanteuse, die ihre Kunst opfert. — Edles Wesen! Allen Respect!

Jeanette. Ich bleib' in Kecskemet ... der alte Herr, sein Vater, ist fast immer auf der Puszta draußen und weiß nichts von der ganzen Geschichte. Vor einiger Zeit merke ich, daß etwas vorgeht. Mein Freund dreht sich und windet sich und rückt endlich mit der Sprache heraus — er muß auf längere Zeit verreisen. Ich thu' nichts dergleichen, sag' ihm Adieu, geh' aber heimlich auf den Bahnhof, steige unbemerkt in denselben Zug ein, wie er — und bei der ersten Station — wer ist da? Die Jeanette und nimmt ihn hopp.

Winkler [reibt sich die Hände]. Hopp!

Jeanette. De= und wehmüthig erzählt er jetzt, daß er auf Befehl seines Vaters nach Wien reisen will, um ein Fräulein Hofellner kennen zu lernen —

Winkler. Stimmt schon! Stimmt schon!

Jeanette. Der alte Herr — sein Papa — will durchaus, daß er die heirate, sonst enterbt er ihn. Ich war außer mir. Wir steigen in Budapest aus ... Etliche Tage lang ist Alles gut. Ich fange an, mich wieder zu beruhigen. Unglücklicherweise begegne ich meinem gewesenen Director und lass' mich von ihm bereden, wieder einmal aufzutreten. Wie ich von der Vorstellung nach Hause komme, ist der Vogel ausgeflogen. Abgereist — sagt der Portier von dem Hôtel, in dem wir logirt haben, unbekannt wohin. [Erhebt sich.]

Winkler. Und reist richtig nach Wien, kommt hier in's Haus und erfrecht sich, um die Hand der Fräulein Pepi an= zuhalten. Ein verfluchter Kerl!

Jeanette. Er hat also schon angehalten?

Mizi. Und ob. Es sollte ja schon Verlobung sein —

Jeanette. Ah, nicht schlecht. Da werd' ich aber zuvor noch ein Wörtl d'reinreden.

Winkler. Ja, das wird gut sein. Wo wohnen S' denn, Fräulein Jeanette?

Jeanette. In der „Ungarischen Krone". [Zu Mizi.] Und da bist Du mir eing'fallen und ich hab' mir gedacht, es ist das Beste, ich geh' direct zu Dir und erzähl' Dir die ganze G'schicht'.

Winkler. Wir werden Ihnen helfen, verlassen S' Ihnen drauf.

Jeanette. Mich sitzen zu lassen! . . .

Winkler. Eine Chantantsängerin, die ihm ihre Kunst geopfert — sitzen lassen! Frechheit! Aber jetzt, Fräulein, wird es gut sein, wenn wir von hier weggehen. Es soll vorläufig hier Niemand merken, daß Sie da sind, und wir wollen uns überlegen, was zu thun ist . . . Wir werden den Paprikaritter schon auf den richtigen Weg bringen. Seien S' unbesorgt.

Jeanette. Ewige Treue hat er mir geschworen, und jetzt will er durchbrennen. [Zu Winkler, ihm die Hand reichend.] Kann ich mich darauf verlassen, daß Sie mir helfen?

Winkler [ihr die Hand küssend]. O, für Chantantsängerinnen gehe ich in's Feuer!

Mizi [ungeduldig]. Verbrenn' Dich nur nicht!

Winkler. Ja — ja — kommen S', Fräulein. Ich begleite Sie ein Stück. Adieu, Mizi.

Jeanette. Adieu, Mizi.

Mizi. Adieu — Adieu.

[Winkler und Jeanette Mitte ab.]

10. Scene.

Mizi allein.

Mizi [Winkler imitirend.] Adieu, Mizi, Adieu. Es is meiner Seel' a Kreuz mit diesen Chansonnetten-Sängerinnen, und i möcht' wissen, was denn an diesen Damen eigentlich d'ran is, daß die Männer glei weg sind, wenn ihnen so Ane a bissel schön thut. Wenn ma's so sieht und hört, die Berlinerinnen, Ungarinnen, Engländerinnen, Französinnen, die Sprach' is freili immer verschieden, aber Alles andere bleibt sich überall gleich. Da sitzt im Tingel=Tangeläum eine Wiener Familie: Der Herr Vater, die Frau Mutter, die Fräulein Mali, ihr Verehrer der Carl und der kleine Schanerl, den m'r hat mitnehmen müssen, weil er sonst die ganze Wohnung demolirt hätt'. Dö lassen das ganze Programm auf sich wirken. Zuerst kommt eine seriöse Nummer, eine Opernsängerin, die schon vor 20 Jahren in St. Pölten auf allgemeines Verlangen ausgewiesen worden ist. Auf dem Zettel heißt s': „Signora Palapiti, von der Scala in Mailand" und singt sehr traurige Arien aus italienischen Opern, wie z. B. aus „Norma" die „Casta diva". „Ach Gott", seufzt die Fräulein Mali ganz gerührt. „Da liegt so viel G'fühl d'rinn'". „A fade Nocken is s'", erklärt der Herr Carl und zündet sich die 20. Cigarrette an. Der Herr Vater sagt nix, aber er laßt sich no a Viertel mit Gieß geben, während die Frau Mutter die Pause benützt, um dem Schanerl die Nasen zu putzen. Nummer 2 treten auf acht magere, halbverhungerte Kinder, die ihr'n Vater über'n Kopf springen, die „Family Jonie", Parterre=Akrobaten. „Vater", fragt der Schanerl, „warum heißen s' denn Parterre=Akrobaten?" „No", sagt der Vater, „weil s' halt parterr' san". Als dritte Nummer folgt: „Lieder, gesungen von Fräulein Friederike Pieske, erste Soubrette vom Wintergarten in Berlin". Musik. Der Vorhang geht in d' Höh'. Richtig, da is s' schon, a Hopfenstang' mit aner blonden Paruk'n und an Mund, so groß, wie det Brandenburger Thor, so dat een janzes Jarderejiment mit'n Bagaschewagen durchkönnt'; die stellt sich hin und singt:

[Fad, temperamentlos.]

Ach so 'n Walzer is een Plaisir,
Det is doch jar so scheene!
Steigt in den Kopp wie Dünnebier
Und reißt mir in de Beene.
Ach, so 'n Walzer, Fritze nee
Det kannste doch nur finden
So voller Chik mal an der Spree,
Daheeme mang de Linden.

[Spricht.]

Die g'fallt dem Herrn Vatern schon gar nicht. „Soll s' halt z'Haus bleiben in Berlin", brummt er. „Was kommt s' nachher nach Wien, wann m'r 'n richtigen Walzer nur daheeme unter die Linden find't?" „Aber Vater, beruhig' Dich", bittet die Frau Mutter, die ihren Alten kennt und Angst hat, daß er ein Bahöll macht. „Du mußt ja net applaudiren". „Applaudiren a no? Das fehlet mir. Aber mi kriagt's zu so was nimmer, da is do bei die Grinzinger a ganz andere Unterhaltung. Kellner, a Viertel mit Gieß! Daß i m'r die Gall' abischwemm. So was! Was m'r si von so aner Berlinerin in Wien Alles sagen lassen muß!" — „Schanerl, was hast denn?" Der Schanerl sagt was der Frau Mutter in's Ohr, die sagt's dem Herrn Vater und der is froh, daß er auf a Weil' hinauskann, nimmt den Buben bei der Hand und verlaßt mit ihm das Lokal.

Nach einer Weil' kommen s' zurück, grad in dem Augenblick, wo die „Königin der Luft" mit 'n Trapez ihnen über die Köpf' fliegt. Der Herr Vater und der Schanerl schauen, wie s' durch 'n überfüllten Saal geh'n, in einemfort hinauf, stolpern über die Leut', schlag'n ein' Kellner 20 Teller aus der Hand und rennen ein' ganzen Tisch mit verzückten Gigerln um. „Haben S' kane Augen?" — „So a Blödian!" — Wer is Jhna Blödian?" — „So passen Sie doch auf! Gemeinheit!" — „Pst!" — „Ruhig!" — Halten S' Jhna z'ruck, sunst lass' ich Jhnen Ane anschau'n! — „Ruhig!" — „Niedersetzen!" — Endlich sitzt der Herr Vater mit dem Schanerl wieder bei ihnern Tisch, die Frau Mutter zittert an allen Gliedern und der Herr Carl thut so, als wann er Courasch hätt', und zünd't sich 's 25. Cigarrett'l an. Endlich klingklingkling! erscheint die Tiroler Sängerin. [Gesang: Tiroler Lied.] Der Schanerl is glücklich eing'schlafen und der Herr Vater zwinkert a schon so g'wiß mit die Augen, wird aber wieder munter, wie er den Kellner derblickt. A Viertel mit Gieß! bestellt er in der Schnelligkeit, rollt mit die Augen und brummt: „A feine Unterhaltung!

J dank' schön! Was wär' dös beim Guschlbauer für a schöner Abend g'wesen. Aber so a noblichte Fadess' g'fallt eahna besser, der Frau Mutter und der Fräul'n Mali. — Pfui Teif'l!"

Jetzt kommt die Sensationsnummer des Abends, die berühmten: „Sisters Plattfüß", die Stars des Etablissements, sieben Stück'. Die ältesten Londoner Gouvernanten als junge Madlerl, als Bébés, mit Spitzenhäuberln, lange, blonde Locken, so daß m'r vom G'sicht nur die unterstrichenen Augen und 's Nasenspitzel sicht. Sie verkriechen sich ineinander und mit Stimmen wie brustkranke Henderln singen s'. [Gesang: Parodie der Barrisons.]

„Na, i versteh' 's zwar net ganz", sagt d' Frau Mutter, wie s' sieht, daß der Herr Vater kein' Blick von die sieben Katzen laßt, „aber frech sind s' das muß m'r schon sagen". Auch d' Fräulein Mali wird, auf'n Karl eifersüchtig, schaut d' Mutter an und sagt: „M'r soll's net glaub'n, was für schlechte Geschmäcker die Herren heitzutag' hab'n!" Der Herr Vater und der Carl paschen wie narrisch und beruhigen sich erst, als der Vorhang wieder in d' Höh' geht und die Französin erscheint. Diese ist wenigstens aufrichtiger wie die englischen Miß. Sie gibt sich net für a Bébé aus, stellt sich keck vor die Leut' hin, stemmt die Arme in die Seiten, schlagt mit die Füß ein' Purzlbaum und schreit:

[Singt heiser.]
O mon Dieu! O mon Dieu!
Wie slect sein doch der Männer!
Sie lügen 's pauvre femme nur an,
Daß sie sind ihre Gönner.
Kaum blasen sie — tra tra — zum Sturm,
Dann blasen s' kleich Retraite —
[: O mon Dieu! O mon Dieu!
Au diable la trompete! :] [Ab.]

11. Scene.
Béla.

Béla [tritt aus dem Fond, eine Depesche durchfliegend, langsam vor, bleibt sinnend stehen, stampft endlich wüthend auf]. Kutja lanczos teremtette! [Aufathmend.] Ah, das thut wohl!

[Gemüthlich.] So ein kräftiger Ungarfluch wirkt wie rajnes Sajblitzpulver auf Seele und Gemüth. Bringt mich der fene Arpad in schöne Fatalität. [Liest.] „Barny, Hôtel „ungarische Krone", Wien. Wollte abreisen, Jeanette in Wiener Zug eingestiegen, befürchte Scandal, kann nicht kommen, so lange Jeanette dort. Trachte Aufschub zu erlangen. — Arpad". [Spricht.] Verfluchter Feigling! Erst kann er nicht abkommen, wajl dieses Frauenzimmer ihm nicht von der Sajte geht, jetzt kann er nicht, wajl ist ihm Frauenzimmer zuvorgekommen. Und ich bin hier in größter Schwulität. Fene, fene, wie haißen schwobische Frauenzimmer, wos gehen sie so gut mit Pajtschen um? Richtig: Furien! Hát, pajtschen mich Furien! Darf ich nicht länger ehrenwerthe Hofellnerische Familie zum Besten halten, darf ich mit Herzen von anständigem Mädchen nicht länger wie mit Ballen spielen. Ist ajn so liebes, ajn so herziges, so anmuthiges Wesen, — jai, jai, jai! Gefällt sie mir jeden Tag besser und wär' ich glücklichster Mensch in ganz Ungarland, wenn möcht' sie majn werden, majn für ganzes Leben .... Najn! ... Najn! Kann nicht länger aufschieben, thut mir lajd, lieber Arpad, — nimm dir diese Jeanette und behalte ich Josefine. Telegraphire ich noch hajte: „Barny Arpad, Budapest. Hajrot ich selber Hofellnerische. Hol' dich der Taifel! Drothantwort nicht bezahlt. — Béla!"

12. Scene.

Voriger. Julie, dann **Haberfeld.**

Julie [aus dem Fond kommend]. Ah, da sind Sie ja, Herr Barny!

Béla [rasch die Depesche verbergend]. Gnädigste Frau! [Will ihr die Hand küssen.]

Julie [zieht schmollend die Hand zurück]. Herr Barny, Sie müssen ein Ende machen, Sie haben mich in eine peinliche Situation gebracht; man hat den Verdacht, daß zwischen uns ein Geheimnis obwaltet, man läßt es mich fühlen. Sie müssen sich entscheiden, oder ich erzähle den Leuten die ganze Geschichte.

Béla. Erzählen Sie gar nichts, gnädigste Frau, bin ich eben im Begriffe, die Procura niederzulegen und . . .

Julie. Und?

Béla. Mich für ajgene Rechnung zu verloben. Bin ich nicht so reich wie der Arpad, aber so viel hab' ich noch, um ein liebes, süßes Wajbchen ernähren zu können.

Julie [freudig]. Sie machen also Ernst?

Béla. Ernster man kann nicht.

Julie [reicht ihm beide Hände]. Bravo! Bravo! Jetzt hab' ich Sie wieder lieb!

Haberfeld [bei den letzten Worten, vom Fond eintretend]. Sie stecken schon wieder zusammen. Ein Scandal! [Tritt zwischen beide, zu Béla.] Ich ersuche Sie dringend, augenblicklich das Zimmer zu verlassen.

Béla. Aha, wollen allein sein mit schöner Frau. [Halblaut zu Julie.] Er ist eifersüchtig.

Haberfeld. Herr von Barny, ich verbiete mir jeden Scherz! Die Sache ist ernst, gehen Sie! — Das Weitere wird sich finden!

Julie [bei Seite]. Was haben die Beiden miteinander?

Haberfeld. Gnädige Frau, ersuchen Sie Herrn Barny, daß er uns allein läßt. Es stehen Ehre und Leben auf dem Spiel.

Béla [halblaut zu Julie]. Gnädige Frau, er ist vernarrt in Ihnen. Will ich nicht Strajt anfangen, ober bleib' ich im Nebenzimmer, und wenn er zudringlich wird, rufen Sie nur; gleich bin ich wieder da. [Zu Haberfeld.] Geh' ich, Herr Hauptmann, wünsch' ich beste Unterhaltung. [Verneigt sich vor Julie.] Gnädige Frau! [Ab nach rechts.]

Haberfeld. Gnädige Frau — ich begreife, daß eine tiefe Leidenschaft weit führen kann. Ich begreife, daß man durch eine solche Leidenschaft seine Pflicht, auch seinen Gatten vergißt. Aber daß man das Glück einer ganzen Familie so leichtfertig aufs Spiel setzt —

Julie. Erklären Sie sich deutlicher! Was meinen Sie eigentlich? Was haben Sie mir vorzuwerfen?

Haberfeld. Sie lieben Barny — und lassen ihn nicht frei — obgleich der Mann mit Ihrer Cousine so gut wie verlobt ist. Aber ich werde ihn befreien — ich —

Julie. Aber was fällt Ihnen denn ein, Herr Hauptmann. Wenn ich es über's Herz brächte, meinem Gatten untreu zu werden . . .

Haberfeld. Nun?

Julie [bei Seite]. Den lass' ich jetzt ordentlich aufsitzen. [Laut schmachtend.] Dann gäbe es nur einen Mann auf Gottes Erdboden . . .

Haberfeld [geht sofort darauf ein, für sich]. Sapperment, sie scheint wirklich für mich zu empfinden. Das muß man ausnützen. [Laut.] Frau Reisinger — Julie — es schlägt ein wackeres Herz in dieser Brust! Vertrauen Sie mir!

Julie [parodistisch]. Wenn ich das könnte. Wenn ich wüßte, daß Sie es aufrichtig meinen —

Haberfeld. Ich meine es wahrhaftig, ich meine es . . . [Breitet die Arme aus, will sie umfassen.]
[Julie schlüpft darunter durch, nachdem sie einen Schrei ausgestoßen.]

14. Scene.

Es treten ein **Béla**, später **Rosa, Hofellner, Pepi** von rechts.

Béla. Herr, was unterstehen Sie sich, mit einer anständigen, ehrbaren Frau?

Haberfeld. S i e schweigen. Wenn Jeder ein Recht hat zu sprechen, Sie nicht!

Béla. Warum nicht? Hab' ich glajch gesagt der gnädigen Frau, daß werd' ich im Nebenzimmer warten, wenn Sie zudringlich werden.

Julie. Ja, das hat er gesagt!

Rosa [zu Julie]. Aber, liebe Julie, wie kommt denn Herr Barny dazu, für Dich einzutreten?

Hofellner. Ja, das finde ich auch sonderbar.

Pepi. Ja, Béla, wie kommst Du dazu? [Geht nach links hinüber.]

Julie [zu Béla]. Herr von Barny, jetzt ist die höchste Zeit, erklären Sie sich, oder ich verrathe Alles. [In pikirtem Tone zu den Anderen.] Es scheint Euch nicht recht zu sein, daß Herr Barny sich meiner annimmt, das beleidigt mich und ich ziehe es vor, zu gehen. — [Geht ab im Fond.]

Haberfeld. Aber, gnädige Frau, Sie verstehen das falsch. [Nimmt Béla's Hut.] Ich begreife nicht, wie Ihr eine Dame so vor den Kopf stoßen könnt. [Folgt ihr.]

Hofellner. [vortretend]. Herr Barny.

Béla [ergreift die Hand Pepi's und tritt vor Hofellner und Rosa]. Lieber Schwiegervater, soeben wollte ich bitten, unseren Verlobungstag zu bestimmen, morgen, heute, auf der Stelle — wann es Ihnen beliebt!

Rosa. Endlich.

Pepi [reicht ihm die Hand]. Béla!

Hofellner [zu Rosa]. Also ich schicke pneumatisch einige Einladungen aus und wir feiern heute die Verlobung.

13. Scene.

Vorige. Kathi vom Fond.

Kathi [mit einer Depesche zu Béla]. Kérem alásón, Barny ur — Depesche. [Ab.]

Béla [liest mit fliegender Unruhe und wirft sich dann wie gebrochen in einen Stuhl]. Vom Onkel Florian! Er kommt! [Steht auf.] Wo ist denn mein Hut? Den hat mir der Herr Onkel mitgenommen und ich soll jetzt mit schwobischen Kalpak —

Hofellner. Lassen Sie den Hut. — Wir müssen uns doch noch besprechen, wenn heute Abend Verlobung sein soll.

Béla [liest für sich]. „Barny, — Hôtel ungarische Krone, Wien. Ankommen Abends. Florian! [Spricht halblaut.] Verfluchte Geschichte. [Laut.] Heute Abend — weiß doch nicht — ob nicht ganz kurze Verschiebung —

[Rosa und Hofellner zugleich auf Béla einstürmend.]

zugleich { Hofellner. Jetzt will ich endlich Aufklärung!
Rosa. Warum denn wieder aufschieben? Das ist unerhört.
Pepi. Béla! Du liebst mich nicht.

Béla [Zu Pepi nach links]. Ich Dich nicht lieben? Sie weint! Das halt ich nicht aus! Ich Dich nicht lieben? In meinem Herzen brennt ein Feuer, das Onkel Feuerwehrhauptmann mit seiner ganzen Löschmannschaft nicht löschen kann. Bizony Istenem [Zu Rosa und Hofellner.] Heute Abend ist Verlobung.

Der Vorhang fällt. Ende des zweiten Actes.

Dritter Act.

[Beleuchtetes Empfangszimmer bei Hofellner. Rechts und links je eine Thüre. Im Fond zwei Thüren. Die Thüre links im Fond ist geöffnet, sie führt in ein hell erleuchtetes Gemach.]

1. Scene.

Hofellner, dann Rosa.

Hofellner [im Frack, mit einer Papierrolle in der Hand von links kommend, eine Rede memorirend]. Hochverehrte Anwesende! [Blickt in die Rolle.] Es ist ein Bedürfnis des Herzens in allen weihevollen Augenblicken des menschlichen Lebens, [Blickt in die Rolle.] in freudigen und auch in traurigen Augenblicken, Angehörige und Freunde — [Blickt in die Rolle.] um sich zu sehen. Glücklicherweise ist es heute ein freudiger Anlaß in der Familie meines Kreises. [Sich verbessernd, wobei er einen Blick in die Rolle wirft, natürlich.] Nein, nein, das wäre ja ein Stiefel — [Feierlich.] im Kreise meiner Familie, zu welchem ich mir die Anwesenheit Ihrer Ehre . . . [Unterbricht sich, wie oben.] Aber nein! Unsinn! [Feierlich.] Die Ehre Ihrer Anwesenheit erbeten habe. Ich beehre mich, Ihnen die Verlobung meiner Tochter Pepi mit dem ungarischen Gutsbesitzer Herrn Béla von Barny . . .

Rosa [in schwarzer Seide, festlich gekleidet, von links]. Was ist 's, Alter, geht Dir die Geschichte noch nicht zusammen?

Hofellner. Ja, wenn Du mich immer störst!

Rosa. Aber schau', was machst denn so viel Umstände? Was brauchst denn Du erst eine große Red' auswendig lernen? Die Sache ist ja ganz einfach. Nach dem Braten laß' ich den eingekühlten Champagner hereinbringen. Du nimmst Dein Glas, stehst auf und sagst: Meine Herrschaften, ich zeige Ihnen hiemit unsere Verlobung an ...

Hofellner. Unsere Verlobung? Bist närrisch?

Rosa. Also die Verlobung unserer Tochter Pepi.

Hofellner [lachend]. Das wird eine Ueberraschung sein ... Es hat ja Niemand eine Ahnung, daß der Mensch, der Béla, endlich dazu zu bringen war.

Rosa. Ich g'freu' mich schon auf die Augen, die mein Bruder, der Hauptmann, machen wird. Der glaubt ja noch immer, es wird nichts daraus. Hätte mich beinahe mit Julie verfeindet, der er eine G'spusi mit dem Béla angedichtet hat.

Hofellner. Er will halt immer so g'scheidt sein.

Rosa. Na, ich hab' ihnen einen so schönen Brief geschrieben, daß sie und ihr Mann gewiß kommen werden. Jetzt aber schau', daß Du mit der Auswendiglernerei fertig wirst. Ich hab' noch in der Küche zu thun; seitdem das bosnische Regiment eingerückt ist, kann man sich auf die Kathi gar nicht mehr verlassen — jetzt lernt's bosnisch.

Hofellner. Der Béla und die Pepi können ja drinnen die Honneurs machen. Ich muß hier Jemanden erwarten.

Rosa. Wen denn?

Hofellner. Weißt, dem Béla zu Ehren, weil er ein so guter Patriot ist, habe ich den Herrn Posonyi, den Präsidenten vom Ungarvereine in Wien, eingeladen. [Es klopft an die Thüre im Fond.] Mir scheint, es kommt Jemand.

Rosa. Da geh' ich! [Links ab.]

Hofellner. Schick' mir den Béla herein. [Es klopft.] Herein!

2. Scene.

Voriger. Posonyi vom Fond rechts. **Béla.**

Hofellner [Posonyi begrüßend]. Sehr erfreut, Herr von Posonyi, sehr erfreut! [Zu Béla, der im selben Moment vom Fond links eintritt.] Herr von Posonyi, Präsident des Ungarvereines in Wien. [Zu Posonyi.] Herr Béla von Barny, Gutsbesitzerssohn aus Kecskemet.

Béla [reicht Posonyi die Hand]. Nagyon örvendek földi uram, van szerencsém.

Posonyi [abwehrend]. Sehr angenehm, sehr angenehm, Herr von Barny, aber entschuldigen schon, mit'm Ungarischen happert's a wengel. I bin wohl a geborener Preßburger, aber zu meiner Zeit haben die Ungarn in Preßburg noch deutsch g'red't. Seit 28 Jahren wohn' i in der Gumpendorferstraße und da is 's Ungarische a no net so stark verbreit't.

Béla. Macht nichts. Wenn nur Herz nicht schwobisch ge= worden ist. [Für sich.] Wenn nur jetzt nicht der Onkel kommt. Hab' ich ihm zwar sagen lassen, er soll im Hôtel auf mich warten. Aber wer weiß, ob er will —

Hoselluer [der mittlerweile mit Posonyi gesprochen hat]. Ich bitte nur weiter zu spazieren. Finden schon Bekannte drinn'. [Becomplimentirt Posonyi und geht mit ihm im Gespräch im Fond links ab.]

4. Scene.

Béla. Pepi.

Pepi [die sich aus dem Saale links hineingeschlichen, hat die letzten Worte gehört, hold, verschämt]. Béla!

Béla [mit ihr vorkommend]. Pepi, majn geliebtes Mädl! [Umfaßt sie.]

Pepi [glücklich]. Du liebst mich also wirklich?

Béla [führt sie zum Spiegel]. Schau da hinein. Wen siehst Du dort?

Pepi. Dich! Dich, überall nur Dich!

Béla. Den Béla Barny siehst Du dort — frag' ihn und er wird Dir ehrlich antworten.

Pepi [in den Spiegel sprechend.] Also darf ich ihm ver= trauen?

Béla. Hát, will ich glauben, ist er ehrlicher Bursche.

Pepi. Ja, aber der Onkel, der Hauptmann behauptet, er liebt eine Andere.

Béla. Der Onkel — allen Respect, ist ein dummer Kerl.

Pepi. Auch die Mizi und ihr Bräutigam, der Winkler, wollen von einer Liebschaft mit einer Andern wissen.

Béla. Ist Alles nicht wahr. Der Béla ist rein, wie echter Tokayer, und hat noch keine Menschenhand seines Herzens Stoppel entkorkt. Du allein, Du süßes Schwoben= mädel hast das verstanden. [Sie an sich ziehend.] Und jetzt bitt' ich Stoppelgeld. [Küßt sie.] Istenem! Schmeckt süßer als Menescher Ausbruch.
Pepi [abwehrend]. Laß'! Laß' — Man könnte uns sehen.
Béla. Soll ganze Welt sehen. Oesterreich=ungarisches Bündnis geschlossen, Porität hergestellt, bajde Reichs= hälften zu ajnem Ganzen vereinigt, gemeinsame Lajtung, gemajnsame Ormee zur Bekämpfung der Fajnde unseres Bundes . . .
Pepi. [mit dem Finger drohend]. Aber getrennte Regierungen?
Béla. [sich an ihre Arme hängend]. Haben dafür ein Mini= sterium des Herzens — ajn Ressort, das ebenfalls ge= majnsam verwoltet wird. Und jetzt zum Vertragsab= schluß! [Will sie küssen.]
Pepi. Nur keine Budgetüberschreitung. Das hohe Haus opponirt. [Entschlüpft ihm — er folgt ihr nach links.]

5. Scene.

Mizi von rechts, dann **Winkler** durch die Mitte.

Mizi. Wo nur der Theodor bleibt? Seitdem diese Jeanette gekommen ist, hat er in einemfort mit ihr zu thun. Wenn er mir lang Geschichten macht, mach' ich ein End' . . . Nein, nix mach' ich, ich hab' ihn ja zu gern . . .
Winkler [durch die Mitte eintretend.] Servus!
Mizi. Bekommt man Dich endlich auch zu Gesicht?
Winkler. Grüß Gott, Mizi. Es wird gehen.
Mizi. Wo steckst denn allerweil? Und was wird gehen?
Winkler. Alles in Ordnung. Die Jeanette wird's richten. Ich hab's schon präparirt.
Mizi. Was hast Du sie?
Winkler. Präparirt. Die Roll' hab' ich ihr einstudirt.
Mizi. Du, mir scheint, Du gibst Dich ein bisserl viel mit der Jeanette ab.
Winkler. Wirst doch nicht im Ernst eifersüchtig sein?

Mizi. Eifersüchtig, nein — aber recht ist es mir doch nicht!
Winkler. Aber Patscherl, was fällt Dir denn ein? Glaubst, daß ich außer Dir noch Eine gern haben könnt'? Gar keine Idee. Hab' nur ein bisserl Geduld -- Du wirst schon sehen — Muß die Sach' nur noch mit dem Herrn Chef in Ordnung bringen, wirst sehen, die Jeanette, die wird's richten, die ist findig. Sie muß platzen.
Mizi. Die Jeanette?
Winkler. Aber nein, die Bombe!
Mizi. Sag' mir nur, warum Du eigentlich einen Scandal haben willst, Du sollst ja froh sein, wenn die Heirat zu Stande kommt.
Winkler. Aber sie kommt ja nicht zu Stande. — Die Jeanette läßt ihn ja nicht aus. Und diese Verlobung ist wieder nur ein Schwindel, um Aufschub zu erlangen. Er blamirt den Chef, die Pepi, uns Alle. Und da wir Zwei nicht früher heiraten können, bis nicht mit der Pepi Ordnung gemacht ist, werde ich Ordnung machen, und gehörige Ordnung.
Mizi [zweifelnd]. Geh!
Winkler [fortfahrend]. Angenehm wird's ihnen freilich nicht sein, dem Herrn Chef und seiner Gattin, aber sie haben die Lection verdient, sie sollen sie bekommen. Hochmuth kommt vor dem Fall.
Mizi. Freilich, Reich muß der Herr Schwiegersohn sein, mit Tausendern muß er herumwerfen können, Pflanz muß er machen, Brillanten dem Fräulein kaufen, eine große Wohnung prachtvoll einrichten, eine Hochzeitsreise nach Italien antreten, als ob Klosterneuburg nicht auch eine schöne Gegend wäre! Ob sich die jungen Eheleute aber auch lieben, so recht vom Herzen gern haben, ob sie miteinander auch glücklich sein werden — nach dem fragen heutzutage die Herren Eltern nicht! Das ist ja Nebensache! Hauptsache ist der Pflanz, der äußere Schein.

6. Scene.
Vorige. Hofellner.
Hofellner [kommt, halblaut seine Rede memorirend, aus dem Fond

links, bemerkt Winkler]. Ah, Winkler, g'scheidt daß D' da bist. Wo warst denn den ganzen Nachmittag?

Winkler. Eine Menge Weg, Herr Chef. Bei der Wäscheputzerin hab' ich einige Colli aufgegeben, bei der Post hab' ich den Frauenzimmern die Köpfe gewaschen, weil s' mit dem Liefern schon seit zwei Tagen im Rückstand sind. Bei Feitel & Comp. am Quai hab' ich zwei Kisten ausgelöst, und im Zollamt bin ich saugrob geworden, weil's uns wieder so eine Poselwaare ang'hängt haben.

Hofellner. Bist ja ganz confus!

Mizi [deutet nach der Stirn]. Ist er auch, Herr Chef.

Winkler [sich die Stirn trocknend]. Bin ich auch.

Hofellner. Jetzt zieh' Dein Sonntagsgewand an, Du weißt, wir feiern heute Verlobung.

Winkler. Also wirklich — nein, wie uns das freut! Was, Mizi?

Mizi. O je! Und wie das uns freut!

Hofellner. Ja, mich freut's auch!

Winkler. Und was werden Sie Ihren Gästen bieten?

Hofellner. Ein Nachtmahl, ist das nicht genug?

Winkler. Na — wie man's nimmt. Ich hab' eine Idee, Herr Chef! — Jetzt ist bei Hausfestivitäten Mode, daß man den Gästen außer dem Essen noch was Besonderes vorsetzt Einen Kunstgenuß, es werden ein paar Lieder gesungen und sowas dergleichen. Im Wirthshaus daneben ist eine Zigeuner=Capelle eingekehrt. — Das wäre etwas! Dann kenn' ich eine ungarische Sängerin, die jetzt vacant ist. Lassen S' was springen, Herr Chef, zu Ehren der Verlobung — ein kleines Concert mischt die Geschichte auf.

Mizi. 's ist halt modern, Herr Chef, und weil wir doch von der Modebranche sind . . .

Hofellner [überlegend]. Ein Concert? — Na, is mir recht — hol' die Zigeuner und die ungarische Sängerin. Der Béla soll eine Freude haben.

Winkler. Und ob der a Freud' haben wird, besonders von der Sängerin. Sauber is 's und singen kann's, Hören und Sehen wird ihm vergehen, dem Herrn von Barny!

[Reibt sich die Hände.] Ich hol's, Herr Chef! [Mizi bedeutungsvoll zuwinkend.] Das wird eine Ueberraschung werden. [Rechts ab.]

7. Scene.

Vorige, dann **Herr** und **Frau Schneider, Herr** und **Frau Helfert** und mehrere Gäste, Herren und Damen durch die Mitte.

Hofellner. Ist ein gescheidter Bursche, der Winkler, den wirst nicht so um'n Daumen wickeln können, wie andere Frauen ihre Männer.
Mizi. Ich hab' keine Angst! Bis wir einmal verheiratet sind, gibt er schon klein bei. Die Ehe ist eigentlich ein getheilter Meldezettel, die Männer geben uns Frauenzimmern ihren Namen, wir geben ihnen den Charakter.
Hofellner. Wann Simandl ein Charakter is — dann schon! [Gibt ihr die Rolle.] Bitt' Dich, sei so gut, überhör' mich, ob ich meine Rede schon kann. [Mizi nimmt die Rolle und entfaltet sie. — Hofellner stellt sich in Positur.] Hochverehrte Anwesende! Es ist ein kleines Bedürfnis des Herzens . . . . [Herr und Frau Schneider, Herr und Frau Helfert und andere Gäste erscheinen in der Thüre im Fond.]
Mizi. Gäste kommen.
Hofellner [wiederholt]. Bedürfnis des Herzens, Gäste kommen —
Mizi [eindringlicher]. Gäste kommen, Gäste kommen — [Nach links ab.]
Hofellner [wiederholt]. Gäste kommen. Ah, so! [Zu den Gästen.] Willkommen, meine Herrschaften, willkommen! [Reicht ihnen der Reihe nach die Hände.]
Schneider. Wir haben Ihre freundliche Einladung . . .
Frau Schneider. Mit Vergnügen angenommen.
Herr Helfert. Als Nachbar und Geschäftsfreund . . .
Hofellner. Ganz meinerseits. Bitte, bitte, meine Herrschaften, spazieren's nur weiter! [Alle links Fond ab.]

8. Scene.

Haberfeld sammt **Herrn** und **Frau Reisinger** aus dem Fond rechts, zum Schlusse **Béla** vom Fond links.

Haberfeld [in Feuerwehr=Parade=Uniform, Herrn und Frau Reisinger den Vorrang lassend, aus dem Fonde]. Bitte, bitte!

Julie. Ist mir eigentlich recht unangenehm, diese dringende Einladung.

Reisinger. Mir auch, ich verstehe den Zweck nicht . . .

Haberfeld. Aber mir ist's ganz recht, daß ich Euch hier treffe. Wir müssen jetzt zu einem Entschluß kommen. Aber nur keine Aufregung lieber Carl, nur keine Aufregung.

Reisinger. Ich bin ja nicht aufgeregt; im Gegentheil!

Haberfeld. Freilich bist Du's. Wäre auch Feigheit, nicht aufgeregt zu sein. Wäre ich verheiratet und käme so ein Maulaff' daher und ließe meiner Frau keine Ruhe . . . Himmelherrgott! Ich bitt' Carl, halt' Dich zurück

Julie. Ich erkläre Ihnen nochmals, Herr Hauptmann, daß Sie meinen Mann ohne jeden Grund gegen mich und Herrn von Barny aufhetzen.

Haberfeld [lacht höhnisch]. Ohne jeden Grund! Ha! ha! ha! Allen Respect, Gnädige!

Julie. Ich verbiete Ihnen diesen Ton . . .

Reisinger. In der That, lieber Haberfeld . . .

Haberfeld. Mäßige Dich, Carl, nur keine Aufregung!

Reisinger [unwillig]. Lass' mich! [Zu Julie.] Klarheit muß zwischen uns werden. Zwischen Dir und Herrn von Barny herrscht irgend ein Einverständnis!

Julie [lächelnd]. Allerdings . . .

Haberfeld [zu Reisinger]. Kalt Blut . . .

Reisinger [zu Julie]. Du gibst also zu?

Julie. Ja, ich gebe zu — Dich berührt das aber gar nicht!

Hauptmann. Es berührt ihn nicht —

Reisinger. Dann sage mir, was es ist! — Vor ihrem Gatten hat eine anständige Frau keine Geheimnisse mit einem fremden Manne.

Julie. Ich habe mein Wort gegeben, es hängt vielleicht sein Lebensglück davon ab.

Reisinger. Eine faule Ausrede. So plump laß' ich mich nicht fangen. [Eindringlich, weich.] Ich bitte Dich, Julie, liebes Weibchen, noch will ich nicht glauben, daß Du ... [Faltet die Hände.]
Haberfeld. Beherrsche Dich, Carl, keine Aufregungen.
Julie. Aber wenn ich Dir sage ...
Béla [aus dem Fond links]. Ah, schöne Frau Rajsinger! Hob' schon gefürchtet, daß ist Ihnen was Unangenehmes zugestoßen, vielleicht Besuch vom Herrn Hauptmann. [Erblickt Haberfeld und Reisinger, die sich zurückgezogen hatten und miteinander sprechen.] Ah, der Herr Onkel auch schon da! Willkommen! Bitte nur in Salon zu spazieren. [Nimmt Juliens Arm und führt sie durch den Fond links.]

9. Scene.

Haberfeld, Reisinger, dann Winkler.

Haberfeld [auf die Abgehenden zeigend]. Zweifelst Du noch? Wie offen Sie es treiben! Unverschämt!
Reisinger. Ich kann es nicht glauben! Julie betrügt mich nicht.
Haberfeld. Das ist ein unglaublicher Ungläubiger. [Winkler tritt vom Fond rechts ein.] Frag' nur den Herrn Winkler, der kann's bestätigen.
Winkler. Was kann ich bestätigen?
Haberfeld. Daß dieser ungarische Schwadroneur so thut, als ob zwischen ihm und Frau Reisinger weiß Gott was Heimliches wäre!
Winkler. Ja, das stimmt, ich hab's bemerkt!
Haberfeld. Ich sag' Dir, Du mußt ihn fordern. Wenn Du einverstanden bist, gehen ich und Herr Winkler als Deine Cartellträger hinein und fordern ihn.
Winkler. Ja. Fordern ist das Richtige. Aber ich kann nicht Cartellträger sein. Sie werden begreifen, meine Herren, — ich als Angestellter des Hauses, das könnte mich meinen Posten kosten. Besorgen Sie das nur allein. Herr Hauptmann, Sie imponiren schon für Zwei, zumal jetzt, [Auf seine Uniform zeigend.] wo Sie so feierlich angelegt sein.

Haberfeld. Ist auch nur zu diesem Zwecke geschehen. [Zu Reisinger]. Gut also, ich geh' hinein und hole ihn. Du mußt ihn fordern, das fordert Deine Ehre.

Reisinger. Aber wenn er die Forderung annimmt?

Haberfeld [sich immer mehr erhitzend]. Einer von Euch Beiden ist zu viel auf der Welt, das ist doch klar.

Reisinger. Jawohl, das heißt ...

Haberfeld. Die Sache ist ja ganz einfach. Entweder er erschießt Dich oder Du erschießt ihn. Einerlei. Die Ehre ist gerettet. Also nur ruhig, lieber Carl.

Winkler. Nur keine Aufregung, Herr von Reisinger.

[Man hört im Zimmer links einen Csardas auf dem Clavier.]

Haberfeld [höhnisch]. Sie spielt ihm einen Csardas vor: „Körösi lany". [Singt die ersten Takte mit, plötzlich abbrechend.] Sie spielt ihm „Körösi lany" vor, brauchst Du noch mehr Beweise?

[Die Musik hört auf, man hört Beifallsrufe und Klatschen.]

Reisinger. Aber meine Frau leugnet ja, er leugnet ebenfalls.

Haberfeld. Ist seine Pflicht. [Sich den Schnurrbart zwirbelnd.] Nur nicht die Dame compromittiren, ist Ehrensache. Hab's grad so gemacht, wie ich noch activ gewesen. Aendert aber nichts an der Sache. Wir gehen jetzt hinein, Du provocirst ihn vor Zeugen, das Uebrige ist meine Sache.

10. Scene.

Vorige. Béla.

Haberfeld [indignirt]. Er ist's! [Zu Reisinger.] Kalt Blut!

Winkler. Keine Aufregung, Herr von Reisinger.

[Stellung: Béla, Haberfeld, Reisinger, Winkler.]

Béla. Aber lieber Onkel, und Sie, Herr von Reisinger, so treten Sie doch in den Salon. Man erwartet Sie schon mit Sehnsucht, besonders Sie, lieber Onkel!

Haberfeld. Herr! Wollen Sie sich über mich lustig machen?

Winkler. Ja, wollen Sie sich über den Herrn Hauptmann lustig machen?

Béla. Wieso denn? [Zu Reisinger.] Was hat er denn wieder, der gute Herr Onkel?

Haberfeld [schneidig]. Stehen Sie uns Rede! Sie verschieben die Verlobung mit meiner Nichte von einem Tag auf den andern und können dafür keinen vernünftigen Grund angeben.

Béla [bei Seite]. Er weiß also noch nichts. [Laut.] Geduld! Geduld! Nur nicht brommen, wird schon kommen. [Will sich in den Arm Reisinger's hängen.] Kommen Sie mit, Herr von Reisinger, will ich mit Ihrer Frau Gemalin vierhändig spielen. Sie können uns umblättern.

Haberfeld [dazwischentretend]. Carl — Du wirst diesem Herrn nicht umblättern. [Zu Béla.] Das ist zu viel, Herr!

Winkler [zu Reisinger]. Kalt Blut, Herr von Reisinger, kalt Blut!

Béla. Enje, der Herr Onkel und dieser Pactotum sind hajte wieder sehr ekelhaft.

Haberfeld [Béla bei Seite nehmend]. Sie verschieben Ihre Verlobung mit meiner Nichte, weil Sie mit einer anderen Dame verbandelt sind. Ich nenne zwar die gewisse Dame nicht, glaube aber, daß [Auf Reisinger zeigend.] dieser Herr ein größeres Anrecht darauf hat, Sie zu züchtigen, lasse ihm daher den Vorrang. [Zu Reisinger.] Jetzt Carl, schieß' Du los!

Winkler. Schießen Sie los, Herr von Reisinger.

Reisinger [sich zusammennehmend]. Herr von Barny — Herr von Barny! Allerdings, ich muß Ihnen sagen, Ihr Benehmen gegen meine Frau, das ewige Geflüster — [Gemüthlich.] Sehen S', Herr von Barny, Sie sind ja sonst ein honnetter Mensch, sagen S' mir aufrichtig, was haben S' denn mit meiner Frau?

Béla [zu Haberfeld]. Aber, lieber Herr Onkel, müssen Sie denn immer Dummheiten machen?

Winkler. Erlauben Sie! Wie reden Sie denn mit dem Herrn Onkel?

Haberfeld [zu Béla]. Merken Sie sich das Eine! Wenn dieser Schwachmatikus, dieser Fischblutmensch — seine Ehre so wohlfeil losschlagt, so ist das seine Sache. [Zu Béla.] Ich — Hauptmann Rudolf Haberfeld —

Béla. Weiß schon, Feuerwehrhauptmann.

Winkler. Einerlei! Hauptmann ist Hauptmann. Feuerlöschen ist oft wichtiger, als Feuer commandiren.

Haberfeld. Ich habe die beleidigte Familienehre zu vertheidigen. Sie entkommen mir nicht, mein Herr!

Béla. Hol' Sie der Tajfel! [Ab nach links Fond.]

Haberfeld [zu Reisinger]. Geh' ihm nach, laß' ihn nicht aus dem Auge. Stell' ihn, beleidige ihn, hau' ihm Eine herunter. Deine Ehre erfordert es.

Reisinger. Meinetwegen — wenn es meine Ehre erfordert, laß' ich mir auch zwei herunterhauen. [Folgt Béla nach links.]

Winkler [zu Haberfeld, der dem Reisinger folgen will, nimmt ihn beim Arm und führt ihn in den Vordergrund. Halblaut]. Einen Augenblick, Herr Hauptmann, mir scheint, Sie sind zu weit gegangen —

Haberfeld. Wieso?

Winkler. Ich habe eine ganz neue Entdeckung gemacht! Dieser Magyarember mag vielleicht früher mit Frau Reisinger ein Techtelmechtel gehabt haben, aber jetzt ist eine Andere da — und die hat sogar Rechte auf ihn.

Haberfeld. Was Sie sagen! Und wer ist diese Dame?

Winkler. Eine ungarische Operettensängerin — eine Freundin meiner Mizi — [Flüsternd.] Ich kenne sie, ich hab' sie heimlich eingeladen, sie wird kommen, so wird mit einem Schlag der ganzen Sache ein Ende gemacht sein.

Haberfeld. Ah, wirklich! Und ist die Dame hübsch?

Rosa [vom Fond links]. Bruder, wo bleibst Du denn, es ist schon aufgetragen, man erwartet nur Dich.

Haberfeld. Bin schon da. [Zu Winkler.] Wenn sie hübsch ist, bin ich bereit, mich zu opfern. Den Reisinger werd' ich schon wieder versöhnen. Aber daß ich mich so geirrt haben soll — es wäre zum ersten Male in meinem Leben. [Ist mit ihm bis zur Thüre links gegangen.]

Winkler. Bitte, ich komme gleich nach. Ich habe noch etwas anzuordnen, wegen des Concertes.

Haberfeld. Also wie gesagt. Wenn sie fesch ist — dann opfere ich mich. [Ab nach links Fond.]

11. Scene.

Winkler, dann **Mizi** und **Jeanette.**

Winkler [geht nach links und ruft]. Mizi! Mizi! [Mizi tritt ein, dann nach dem Fond rechts.] So! Die Luft ist rein, bitte nur einzutreten.

Jeanette [in einen Pelz gehüllt]. Da bin ich, in ganzer Wichs. Ob das aber nothwendig ist?

Winkler. Es ist nothwendig, Fräulein. Sie gehen jetzt da hinein [Zeigt auf die Thüre rechts.] und warten, bis ich klopfe. Dann kommen S' heraus und die Production beginnt.

Jeanette. Muß denn gesungen werden?

Mizi. Ja, Jeanette, der Theodor hat schon Recht. Es soll nicht so aussehen, als ob man einen Scandal mit Absicht herbeigeführt hätte.

Winkler. So bin ich gedeckt. Ich hab' Sie als Sängerin engagirt — hab' Sie hergebracht — und daß Sie zufällig mit dem Herrn Bräutigam, dem sauberen Herrn von Barny ein Techtelmechtel haben, das muß ich ja nicht gewußt haben.

Jeanette. Aber gesungen muß doch net werden! Wenn er mich sieht, rennt er ja eh davon — und ich ihm nach.

Winkler. Oh! Das ist ein Grobian! Der ist im Stand und thut, als wenn er Sie gar nicht kennen möcht' . . .

Jeanette. Na, dann wird er mich kennen lernen! . . . Ja, aber wenn's zum Singen kommt, was soll denn g'sungen werden?

Winkler. Was immer — Es handelt sich nur darum, daß er Sie plötzlich zu sehen kriegt. Was Ihnen g'rad einfällt, wir helfen Ihnen. Wir können's auch gleich probiren.

Jeanette [den Pelz abstreifend]. Meinetwegen.

Mizi. Aber das muß ganz Piano sein, daß die da drinn nichts hören.

Flüster-Terzett.

[: Nur flüstern, stets flüstern,
Ganz leise und zart,
Im Dunkeln zu munkeln,
Das ist die beste Art. :]

Mizi.

Es trifft die Frau von Lustig
Im Herbst die Frau von Frei.

Winkler.

„Wo war'n S' denn heuer im Sommer?"
„Ich war in Norderney!"

Jeanette.

Daß sie am Rhein gewesen,
Keck sagt die And're dann.

Winkler.

In Gablitz war die Eine,
Die And're in Kagran.

Alle Drei.

Nur flüstern ꝛc.

Mizi.

Es schau'n die Nachbarinnen
Den Säugling staunend an.

Winkler.

„O mei!" sagt dann die Eine,
„Man gar nichts wissen kann!"

Jeanette.

„Brünett is ja die Mutter,
Der Vater schwarz sogar."

Winkler.

„Wie kommt, frag' ich, der Säugling
Zu dem brennrothen Haar?"

Alle Drei.

Nur flüstern ꝛc.

[Nach dem Terzett nimmt Jeanette wieder den Pelz an und geht von Winkler geleitet in die Thüre rechts ab. Winkler will ihr folgen, Mizi aber deutet ihm, mit ihr zu kommen, und gehen Beide links im Fond ab.]

12. Scene.

Kathi mit **Florian** vom Fond rechts.

Kathi. Kérem alásan — treten Sie nur hier herein — die Herrschaften sind gerade beim Nachtmahl. [Ab.]

Florian. Schön, schön! — Der Arpad und die Hofellnerischen werden überrascht sein. Aber ich habe kommen müssen. Die Telegramme, die mir der Arpad aus Wien geschickt hat, waren ganz confus. — Wo geh' ich da hinein? Versuchen wir es hier. [Klopft an die Thüre rechts.]

Jeanette [öffnet die Thüre]. Alsdann, gehen wir's an! [Florian erblickend, für sich.] Himmel — der alte Barny — zum Glück kennt er mich nicht.

Florian. Pardon — verehrtes Fräulein — ich bin der Vater vom Arpad.

Jeanette [bei Seite]. Weiß ich eh! [Mit sanfter Stimme.] Die Gesellschaft ist dort drinn — ich hab' mich hier für einen Augenblick zurückgezogen.

Florian. So, so! — Zurückgezogen — sind also vom Hause — vielleicht gar — [Ihr Costüm anschauend.] Die Braut?

Jeanette [laut, schüchtern]. Sie sind also der Vater von meinem Arpad?

Florian. Gott sei Dank, es ist gelungen — mein Feind ist versöhnt — unsere Kinder werden vereinigt. Erlauben Sie, daß ich Sie als meine liebe Tochter an mein Herz drücke. [Umarmt Sie.]

Jeanette [verschämt]. Oh, Herr von Barny —

Florian [entflammt]. Was, Herr von Barny, Vater mußt Du zu mir sagen, — und Du wirst Dich nicht zu beklagen haben. Ich werde Dir Alles vergelten, was Du meinem Sohne Liebes thust. [Umarmt sie nochmals.] Und wie schön Du bist, — nur ein wenig schüchtern, das wird sich aber schon geben. Also sag' Papa zu mir.

Jeanette. Papa! [Für sich.] Wenn ich nur schon draußen wäre —

Florian. Mein Kind, mein liebes Kind!

[Vom Fond links treten Leute ein.]

Jeanette [reißt sich los]. Jetzt kommt die ganze Gesellschaft! [Stürzt nach rechts ab.]
Florian [verwundert]. Na, na — was hat sie denn?

13. Scene.

Florian und **Alle**, zuletzt **Winkler** und **Jeanette**. **Reisinger** und **Haberfeld** kommen zuerst.

Haberfeld. Ja, wenn das so ist — dann ist's freilich nichts mit dem Duell. — Schade.
Hofellner [hat seine Rolle herausgezogen, stellt sich in Positur]. Meine verehrten Gäste —
Florian. Pardon — es ist noch ein Gast da.
Béla [für sich]. Jaj, jaj, — der Onkel Florian — jetzt bin ich kaput! [Geht zu Florian.]
Florian [zu ihm]. Béla — Du bist auch da? Wo ist denn der Arpad? Was geschieht eigentlich hier?
Béla. Hier — hier ist kleine Unterhaltung.
Hofellner. Entschuldigen, mit wem hab' ich die Ehre?
Florian. Ich bin ja der Barny — der Vater. Ich bin im Hôtel „zur ungarischen Krone" abgestiegen, frag' nach meinem Sohn — „Bei Herrn Hofellner", sagt der Portier — gut, denk' ich, kannst auch hingehen. Wenn der Hofellner seine Tochter meinem Sohn gibt — wird er mich nicht fressen.
Hofellner. Sehr erfreut, Herr von Barny.
Florian. Was Barny! Für Dich bin ich noch der alte Bandl — Dein gewesener Compagnon!
Hofellner, Rosa [zugleich, entsetzt]. Der Bandl!
Florian. Freilich, der Bandl, der gut machen will, was er Euch Böses zugefügt.
Hofellner [in Aufregung]. Du bist der Bandl, — der Bandl, der mich einst betrogen hat! — Aus ist's mit der Verlobung — aus!
Florian. Aber Hofellner, — alter Freund!
Hofellner. Ich — Dein Freund! — Weg — sag' ich! — Meine Tochter wird nie das Weib Deines Sohnes — das schwör' ich! — Nimm Dir Deinen Sohn — ich behalte mir meine Tochter! [Von hier ab sehr rasch bis zum Actschluß.]

Florian. Das ist ja nicht mein Sohn.
Alle. Nicht sein Sohn!
Béla [zu Florian]. Kommen Sie, Onkel. [Nimmt seinen Arm und führt ihn unter lebhaften Gestikulationen zur Thüre links.]
Jeanette [von rechts heraustretend]. Dieser Lärm — ich fange an mich zu fürchten
Winkler [zu ihr]. Da ist Ihr Geliebter. [Zeigt auf Béla.]
Jeanette. Das ist nicht mein Geliebter.
Haberfeld [Jeanette erblickend, auf Winkler zugehend]. Wer ist die Dame —
Winkler [zu ihm]. Die Sängerin, die ich eingeladen habe.
Haberfeld. Sapperment, eine hübsche Person! [Auf sie zugehend und ihr den Arm reichend.] Vergessen Sie den Falschen — er ist Ihrer unwürdig. [Führt sie rechts im Fonde.]
Béla [der mittlerweile mit Florian gesprochen hat.] So kommen Sie nur, Onkel. [Zu den Andern.] Meine Herrschaften — wegen plötzlich eingetretenen Schwiegervaters — kann Verlobung heute nicht stattfinden. [Wendet sich nach links.]

[Der Vorhang fällt.]

Ende des dritten Actes.

Vierter Act.

[Hôtelfoyer. Rechts und links je drei Thüren, im Hintergrunde ein Lift. Rechts Thür Nr. 28, links 29. Rechts neben 28 der Stiegenaufgang. Zwischen 28 und 29 ist eine Portière. Vorne ein Rundsopha. Links an der Wand ein Telephon.]

1. Scene.

Béla und **Florian** [um das Rundsopha herumgehend. Winkler später].

Florian. Mein letztes Wort — Du bekommst das Mädel nicht.
Béla. Aber Logik? Wo bleibt Logik, Herr Onkel?
Florian. Du hast Dich zu einem Betrug hergegeben, hast mich getäuscht und die Hosellnerischen zum Besten gehalten. Du hast von dem sauberen Verhältnisse zwischen meinem Arpad und einer Chansonnettensängerin — wie heißt sie?
Béla. Jeanette Waldeck mit ihren spießbürgerlichen Namen, Komaromy Ilka mit dem Künstlernamen.
Florian. Statt daß Du dem alten Onkel Alles entdeckst, verbindest Du Dich mit meinem Sohn gegen mich, gehst nach Wien hinauf, schickst mir Depeschen unter dem Namen Arpad, lösest Wechsel ein für mein Geld . . .
Béla. No hát, hab' ich von Arpad Procura gehabt und nachdem Sie Florian bácsi ajnmol das Geld hergegeben haben . . .
Florian. Nicht Dir, sondern dem Arpad hab' ich's gegeben.

Béla. Onkel — möchten Sie jetzt nicht auf die andere Seite gehen? Hab' schon Schwindel. [Wechseln die Richtung.] Also wissen S', lieber Onkel, wenn der Arpad die Sängerin liebt, wenn liebt sie auch ihn aufrichtig — soll auch bei Künstlerinnen manchmal vorkommen —
Florian. Nun?
Béla. Soll er die Sängerin heiraten — und ich die Pepi! Ist bizony ajn süßes Mädel!
Florian. Kenn' sie eh — hab' mit ihr gestern bei Hofellner gesprochen, hat sehr guten Eindruck auf mich gemacht.
Béla. Nicht wahr, guter Herr Onkel, Sie haben also nichts dagegen einzuwenden?
Florian. Daß Arpad sie heiratet? Nicht das Geringste.
Béla. Dehogy! Der Arpad! Den gibt ja die Sängerin nicht frei!
Florian. Lass' das meine Sorge sein! Wenn der Bursch' nicht Raison annimmt, schlag' ich ihn todt und enterb' ihn.
Béla. Nur nicht grausam sein, Herr Onkel! Todtschlagen allajn ist auch schon genug.
Florian. Dem Hofellner habe ich einen Brief geschrieben, worin ich den ganzen Schwindel aufgedeckt hab'. Ich gebe der Tochter Hofellner mein halbes Vermögen als Mitgift und wenn sie den Arpad mag, dann muß der Bub' sie heiraten.
Béla. Wenn Sie ihn aber nicht mag?
Florian. Dann soll sie heiraten, wen sie will — aber Dich nicht — Dich nicht. — Dabei bleibt es! [Eilt in 29 und schlägt die Thüre hinter sich zu.]
Béla [ihm nach, klopft an die Thüre]. Onkel, lieber, guter Onkel! [Nach vorne tretend, bleibt eine Weile stehen, dann.] Alter blinder Greis. Ah bah! Wann nimmt sich echter Ungarmensch etwas vor, rennt er auch mit Kopf durch die Wand. [Will ab. Winkler ihm entgegen vom Stiegenaufgang. Béla rennt ihn an].
Winkler [stößt mit ihm zusammen]. So geben S' doch Acht!
Béla [ihn erkennend]. Ah, das Pactotum! Was bringen denn Sie wieder Schönes? Ist Ihnen der Appetit zum Intriguiren noch nicht vergangen?

Winkler. Sie sein an dem ganzen Wirrwarr ja selbst schuld.

Béla. Wieso denn ich?

Winkler. Wenn Sie gescheidt gewesen wären, hätten Sie sich über den Winkler erkundigt, hätten mir gesagt, wie die Geschichte steht — und ich hätt' Ihnen geholfen. So hab' ich mich abgeplagt, um Ihnen die Suppe zu versalzen — hab' noch die Jeanette in's Haus gebracht.

Béla. Wem haben Sie in Haus gebracht?

Winkler. Na, die Sängerin, die gestern hätt' singen sollen, — das war ja die Jeanette.

Béla. Ah, das ist interessant!

Winkler. Ja, interessant kann's sein, aber die ganze Sache ist verdorben. Sie kriegen die Pepi nicht und deswegen kann auch ich meine Mizi nicht heiraten.

Béla. Zusammenhang, bitte, versteh' ich nicht!

Winkler So ist's aber. So lange die Fräulein Pepi nicht verheiratet ist, werde ich nicht Compagnon, und ohne Compagnie kann ich nicht heiraten.

Béla, Brauchen Sie zum heiraten Compagnie?

Winkler. Machen S' keine schlechten G'spaß. Da gibt's jetzt nur ein Mittel. Die Jeanette darf den Arpad net auslassen.

Béla. Ich nehm' die Pepi.

Winkler. Dann kann ich die Mizi heiraten.

Béla. Ja, aber wie ist das zu machen?

Winkler. Schauen S' jetzt vor Allem, daß Sie die Fräulein Pepi festhalten, und ich werde mit Fräulein Jeanette reden.

Béla. Also jetzt Allianz zwischen Cis und Trans.

Winkler, Ja und jetzt transferirens Ihnen.

Béla. Ja, geh' ich zu Schwiegervater. — Ah bah! Wann Ungar will, setzt er Alles durch. [Ab durch den Stiegen= aufgang.]

Winkler [allein]. Es hat Mühe gekostet, fortzukommen. Mein Mizerl ist auf einmal eifersüchtig geworden. Sie traut der Jeanette nicht, und will nicht, daß ich mit ihr Heimlichkeiten hab'. Es muß aber sein! [An die Thüre Nr. 28 tretend.] Darf man, Fräulein Jeanette? [Horcht

am Schlüsselloch.] Noch nicht? — Macht nichts! Als gut=
gesinnter Staatsbürger bin ich auf's Warten dressirt.
Denn wenn unsereins auch manchmal ungeduldig wird
und raisoniren will — es nutzt ihm ja doch nichts,
denn immer wird ihm zugerufen: Sein S' doch stad.

Couplet.

[Der Refrain wird durch entsprechend costümirte Hotelgäste gebracht.]

Der Herr von Großmaul tritt vor's Volk
Als Reichsrathscandidat,
Das Volkswohl liegt am Herzen ihm,
Er ist ein Mann der That!
Bis nicht der allerkleinste Mann
Im Topfe hat sein Huhn
An jedem Sonntag — schwört er — will
Er rasten nicht und ruh'n.
Und wird gewählt der wack're Mann
Und kriegt er das Mandat,
Was glauben S', thut er für das Volk —
[: Sein S' doch stad! :]

Die Frauen sind im lieben Wien
Schon gründlich reformirt.
Sie halten Reden im Verein,
Ein neuer Geist sie rührt.
Statt brav die Wirthschaft für den Mann
In ihrem Haus zu führ'n,
Geh'n in Versammlungen jetzt sie,
Um zu politisiren.
's wär' Noth, daß jetzt der Mann schon kocht
Und bügelt, wascht und naht,
Den Säugling trocken legt und stillt —
[: Sein S' doch stad! :]

Die Kinder selbst sind schon modern
Und wenn sie noch so klein,
Pfleg'n Rudi und Mizi schon
Fin de sièclehaft zu sein
Die Schule stürzen s' gar so gern,

Weil 's Lernen doch schmafu,
Und geben sich im Stadtpark dann
Dafür ein Rendezvous.
Der Rudi raucht Cigarrln schon
Und find't das Leben fad.
Ein Doppelselbstmord wird geplant —
[: Sein S' doch stad! :]

Der ewige Friede frißt a Geld,
Daß man's kaum sagen kann!
Der Steuerträger schwitzen muß,
Daß er's kaum tragen kann.
Erfunden werden täglich fast
Ganz neue Hohlgeschoß!
Denn im Erfinden, alle Ehr',
Des Pulvers sind wir groß!
Fragt aber man, wann endlich kriegt
Warm's Nachtmahl der Soldat,
Bekommt gewiß zur Antwort man:
[: Sein S' doch stad! :]

2. Scene.

Vorige, hierauf **Florian** und der **Zimmerkellner.**

Florian [aus der Thüre 29]. Kellner!
Winkler. Aha! Der alte Herr Barny, der wohnt ja auch hier im Hotel; hätt' ich fast vergessen. Möcht' nicht, daß der mich hier sieht. [An der Thüre.] Fräulein Jeanette!
Florian [wie oben]. Kellner! Kommt der Mensch noch nicht?
Winkler [an der Thüre rüttelnd]. Ich muß hinein!
Jeanette [von außen]. Jetzt können Sie schon kommen!
Winkler. War aber auch die höchste Zeit! [Huscht hinein.]
Florian [öffnet in diesem Augenblick wieder die Thüre]. Kellner!
Zimmerkellner [erscheint mit einem Frühstückstablett]. Bitte sehr!
Florian [vollständig angekleidet]. Endlich! Warum kommt denn Niemand, wenn man ruft?
Zimmerkellner. Bitte sehr! Auf den Ruf kommen in Wien Lotterienummern. Zimmerkellnern klingelt man.
Florian. Ich habe geklingelt — vielleicht zehn Mal.

Zimmerkellner. Das war zu viel, Zimmerkellner — dreimal.
Florian. Geben S' den Brief auf. [Ab in's Zimmer 29.]
Zimmerkellner. Schön! [Ab.]

3. Scene.

Jeanette und Winkler, dann Mizi.

Jeanette [tritt zum Ausgehen gekleidet, gefolgt von Winkler, aus Zimmer 28]. Lassen S' mich in Ruh'! Ihnen glaub' ich nichts mehr! Erst machen Sie mir weiß, daß der Arpad sich verlobt hat, und es ist gar nicht wahr, und jetzt soll ich dem Alten schön thun, damit er zugibt, daß der Arpad mich heirate!
Winkler. Sie haben ja so guten Eindruck auf ihn gemacht, sagen Sie!
Jeanette. Na ja, wie er mich für die Tochter vom Hofellner gehalten hat. Jetzt aber, wo ihm der Bela Alles erzählt haben wird ...
[Mizi tritt vom Stiegenaufgang ein und verbirgt sich hinter der Portière.]
Winkler. O, keine Angst! Ihnen kann man nicht widerstehen, Sie verdrehen allen Männern den Kopf — jung und alt.
Mizi [hinter der Portière]. Lump!
Winkler [sieht sich verblüfft um]. Haben S' hier ein' Paperl?
Jeanette. Mir liegt überhaupt an dem ganzen Arpad nicht mehr viel.
Winkler. Ja, auf einmal — warum?
Jeanette. Weil er feig — weil er ein Traumichnicht ist. Es gibt Männer genug, die glücklich wären —. Gestern erst hat mir ein hoher Militär — steinreich, einen Heiratsantrag gemacht —
Winkler. Den Sie hoffentlich nicht ernst nehmen. Das werden Sie mir nicht anthun.
Mizi [wie oben]. Na wart', Du kommst schon noch in meine Gassen.
Jeanette Wir werden belauscht. Er kann jeden Augenblick kommen und es wäre mir nicht angenehm, wenn man uns hier miteinander sehen würde. [Tritt in ihr Zimmer.]

Winkler. Ich laß' sie nicht aus, und wenn ich ihr bis nach Recskemet nach müßt'! [Geht über den Stiegenaufgang ab.]

4. Scene.

Mizi, dann Florian.

Mizi [hervortretend]. Sie hat ihm also wirklich den Kopf verdreht. Na, der werd' ich meine Meinung sagen. [Will in's Zimmer Nr. 28. Florian, aus Nr. 29 kommend, tritt ihr in den Weg. — Verblüfft.] Der Herr von Barny!

Florian [erstaunt]. Pardon, liebes Kind, Sie kennen mich?

Mizi. Ich hab' Sie gestern Abends bei uns gesehen, ich bin erste Mamsell bei Herrn Hofellner.

Florian. Ach — Sie kommen vielleicht zu mir?

Mizi [zögernd; nach der Thüre 28 blickend]. Nein, ich muß zu einer Kundschaft hier.

Florian [ergreift sie an der Hand und führt sie zum Rundsopha]. Wird einen Augenblick warten. Setzen wir uns ein wenig, ich möchte mit Ihnen plaudern. [Setzt sich und drängt auch sie sanft nieder.] Sind Sie schon lange im Hause Hofellner?

Mizi [ungeduldig, häufig nach der Thüre blickend]. Ja, schon mehrere Jahre!

Florian. Hat man manchmal von mir gesprochen?

Mizi. Sehr oft, aber nichts Schmeichelhaftes für Sie. Der Chef kann nicht vergessen, daß Sie ihn — [Stockt.] Nun ja, wegen Ihnen hat er sich zwanzig Jahre plagen müssen, um die Schulden zu bezahlen.

Florian. Und Frau Hofellner?

Mizi. Die gute Seel' — wenn der Chef geschimpft hat, so hat sie ihn begütigt... Aber weh' hat's Beiden gethan, daß sie für ihre Tochter keine Mitgift gehabt haben.

Florian. Darum bin ich ja hergekommen. Ich geb' der Pepi die Hälfte meines Vermögens und sie soll meinen Arpad heiraten.

Mizi. Sie mag aber Ihren Arpad nicht. Und dieser Béla, der sich wie ein Dieb in's Haus geschlichen hat...

Florian. Na, na, das ist doch ein bisserl stark...

Mizi. Thut mir leid, aber ich find' keinen besseren Ausdruck. Ist das recht, so daher kommen, um die Hand eines anständigen Mädels nur so zum Spaß, als Stellvertreter anzuhalten . . .

Florian. Ja freilich, in Ordnung ist's nicht.

Mizi. Aber Sie, Herr Barny, Sie könnten jetzt wirklich helfen! Sie haben dem Herrn Hofellner sehr weh gethan, haben seinen Glauben an die Menschheit vernichtet; denn Ihnen hat er vertraut, mehr als sich selbst. Zwanzig Jahre lang hat er Ihrethalben gelitten, machen Sie das Böse, was Sie ihm zugefügt, an seinem einzigen Kinde gut. Sie sind ja ein Wiener, und wenn der Wiener auch Dummheiten und Fehler begeht, es kommt einmal die Zeit, wo er's einsieht. Dann bereut er's aber auch, und schaut zu verbessern, was er angestellt hat. Der Wiener kann unklug handeln, aber schlecht ist er nicht!

Florian [gerührt]. Sie sind ein braves Mädel, Fräulein Mizi! Die Fräulein Pepi hätte sich keine bessere Fürsprecherin wünschen können. Na, ich will ja Alles thun, was möglich ist. Mein Sohn . . .

Mizi. Lassen S' uns mit Ihrem Sohn aus. D' Fräulein Pepi würde sich todt kränken, wenn sie nicht den Béla bekäme . . .

Florian. Liebt sie ihn denn wirklich, den Schlingel?

Mizi. Rasend, obgleich er es nicht verdient. Weil alle Männer schlecht sind. [Aufschluchzend.] Alle! [Nach der Thüre blickend und die Hände ballend.] Alle!

Florian. So, woher wissen S' denn das? Lieben Sie vielleicht auch einen von diesen Schlechten?

Mizi. Ja, einen Elenden.

Florian [lächelnd]. Wird nicht so arg sein! Wer ist er denn, dieser Elende?

Mizi. Sie brauchen just nicht auf ihn zu schimpfen. Was der Theodor mir anthut — das geht nur mich an — mich allein.

Florian. Der Theodor?

Mizi. Ja der Winkler, die rechte Hand von unserm Chef! Hat mir erst gestern ewige Treue geschworen und heute lauft er einer Andern nach.

Florian. Und diese Andere?

Mizi. Ich bin ihm gefolgt, weil ich Verdacht gehabt habe, und richtig hab' ich sie hier derglengt —

Florian. Hier? Ist die Dame hier im Hotel?

Mizi [auf 28 zeigend]. Ja! Sie hat sich jetzt versteckt. Es soll ihr aber nicht gut bekommen.

Florian. Das ist also die Kundschaft. Eine feine Kundschaft. Na, ich werde aufpassen. Wie schaut er denn aus?

Mizi. Sie müssen ihn ja gestern bei der verpfuschten Verlobung bei uns gesehen haben.

Florian [sich erhebend]. So. — Mir scheint, da kommt Jemand. Vielleicht ist er's. Treten Sie indessen in mein Zimmer.

Mizi. Gut! Und wenn S' ihn haben, dann lassen S' mich's wissen. Ich möcht' auch dabei sein. [Geht in Nr. 29.]

5. Scene.

Haberfeld. Florian.

Haberfeld [keuchend vom Stiegeneingang]. Sapperment, ist das hoch. [Trocknet sich den Schweiß.] Macht aber nichts. Endlich eine Eroberung. [Florian erblickend.] Das ist ja der Herr von Barny! [Wendet sich ab, um nicht gesehen zu werden.]

Florian. Aha, das is er schon. Denn hab' ich ja gestern gesehen. [Zieht sich in sein Zimmer zurück.]

6. Scene.

Jeanette. Zimmerkellner. Haberfeld.

Jeanette [aus 28 heraustretend]. Ich hab' mir's überlegt, ich zieh' aus, das ist das Beste! [Zum Zimmerkellner, der eben vorbeikommt.] Schicken Sie mir einen Dienstmann, der einen Reisekorb hinunter tragt.

Zimmerkellner. Bitte gleich! [Ab.]

Haberfeld [hat inzwischen vor einem Spiegel seine Toilette beendet]. Ah, endlich finde ich Sie.

Jeanette. Sie sind's? Sie haben ja gesagt, daß Sie mir erst schreiben werden.

Haberfeld. Die Sehnsucht nach Ihnen. Sie werden be=

greifen — ich habe heute die ganze Nacht von Ihnen geträumt — so süß!

Jeanette. Warum sind S' dann aufgewacht?

Haberfeld. Die Liebe!

Jeanette. Und wenn ich Ihnen glaubte — wohin würde das führen?

Haberfeld. In den Himmel.

Jeanette. In den, in welchem Ehen geschlossen werden?

Haberfeld. Wird sich Alles finden. [Will sie umfassen.]

Jeanette [ihm entschlüpfend]. Sie sind zu stürmisch. Sie müssen mir Zeit lassen — alter Herr.

Haberfeld. Alter Herr — erlauben Sie — ich nehm' es noch mit dem Jüngsten auf. [Will sie umarmen, in diesem Augenblick kommt Florian heraus.]

Jeanette. Oh, der Herr von Barny! [Eilt in ihr Zimmer.]

7. Scene.
Haberfeld. Florian. Später Winkler.

Florian. Himmel, das war ja die Tochter Hofellner's! Wie kommt denn die in's Hotel, und noch dazu mit diesem Herrn! [Zu Haberfeld.] Entschuldigen Sie, mit wem hab' ich die Ehre? —

Haberfeld. Hab' sie auch! [Will fort.]

Florian [ihn aufhaltend]. Ich glaube, Sie gestern bei Hofellner gesehen zu haben. Sie heißen Winkler, nicht wahr? Theodor Winkler? He?

Haberfeld [für sich]. Er hält mich für den Winkler — [Laut.] Na, und was kümmert Sie das?

Florian. Na, na, nicht gleich so aufbegehren! Will Ihnen ja Ihre Braut nicht wegschnappen!

Haberfeld. Meine Braut — Unsinn!

Florian. Ich weiß Alles, lieber Freund!

Haberfeld. Schön, schön. [Für sich.] Wenn ich nur wüßte, was er will . . .

Florian. Wollten Sie vielleicht [Zeigt auf 29.] zu mir kommen?

Haberfeld. Zu Ihnen? Nein!

Florian. Was führt Sie sonst in dieses Hotel?

Haberfeld. Was geht denn das Sie an? [Sprechen heftig gestikulirend weiter.]

8. Scene.

Vorige. Winkler vom Stiegenaufgang.

Winkler [als Dienstmann verkleidet]. War das eine Idee! Hab' mich in die Gluft da g'steckt. Als Dienstmann kann ich ihr unbemerkt folgen, und jetzt hab' ich schon einen Weg für sie — den Koffer soll ich —

Haberfeld [für sich]. Mir scheint, der horcht! [Laut zu Winkler.] Wen suchen S'?

Winkler [das Gesicht abwendend]. Bin auf 28 bestellt.

Florian [zu Winkler]. Warten S' ein bissel. Ich hab' einen dringenden Gang für Sie. [Reißt ein Blatt Papier aus seiner Brieftasche und schreibt.] „Kommt sofort, Hotel „ungarische Krone". Wichtige Mittheilung. Herrn Hofellner, Rosengasse 6." So, da sind drei Gulden, aber nehmen Sie einen Wagen. Schnell! ...

Winkler [überrascht]. An Herrn Johann Hofellner — schön — [Rasch ab.]

[Haberfeld hat mittlerweile in die Nähe von 28 kommen wollen, was Florian verhindert, da er nicht von der Thüre weicht.]

Florian [für sich]. Ich rette ihm sein Kind, das wird ihn wieder mit mir versöhnen. [Dann zu Haberfeld.] Erklären Sie mir also gefälligst, weshalb diese junge Dame hier in einem Hotel mit Ihnen zusammen kommt!

Haberfeld [höchst ärgerlich]. Ich habe Ihnen gar nichts zu erklären!

Florian. Sie verleiten ein junges, unerfahrenes Kind zu einem dummen Streich.

Haberfeld. Herr, provoziren Sie mich nicht! [Will ab.]

Florian. Sie rühren sich nicht von der Stelle! Ich werde dieses unbesonnene Mädchen zu seinen Eltern zurückführen.

Haberfeld. Unbesonnenes Mädchen, die da drinn?

Florian. Ja, die da drinn. Sie sollten sich schämen, mit einem unschuldigen Wesen ein solches Spiel zu treiben.

Haberfeld [für sich]. Unschuldiges Wesen — er ist übergeschnappt.

Florian. Denken Sie denn gar nicht an den Schmerz der armen Eltern? Wenn sie das hören ...

Haberfeld [ihn erst anglotzend, dann für sich]. Jetzt versteh' ich! Er ist irrsinnig geworden! [Geht zum Telephon.] Halloh — verbinden Sie mich mit 517, der Rettungs= gesellschaft. Jawohl ... Hier Hauptmann Haberfeld, ein Kranker. — Ja, ja — auf meine Verantwortung. — Ja, ja — aber sofort — Schluß! [Läutet ab. Mit einem Seitenblick auf Florian.] Ich lass' ihn nicht aus den Augen.

Florian [für sich]. Was will er denn von der Rettungs= gesellschaft? — [Laut.] Sie werden da keine Geschichten machen, lieber Herr! Ihre unglückliche Braut ...

Haberfeld [ausbrechend]. Ha, ha! ha!

Florian. Lachen Sie nicht so frech!

Haberfeld. Herr, treiben Sie es nicht zu weit. Ich könnte mich sonst trotz Ihres Zustandes hinreißen lassen ...

Florian [stellt sich ihm drohend gegenüber]. Zu was?

Haberfeld [bei Seite]. Ich bin ein Narr! Wozu ihn reizen? [Laut]. Ja, ja, Sie haben Recht! ...

Florian. Gewiß hab' ich das. Man läßt nicht ein anständiges Mädchen, mit dem man verlobt ist, sitzen und verführt die unvernünftige Tochter seines Chefs!

Haberfeld [wie oben]. Ja, lieber Herr, ich seh' es ein —

Florian [besänftigter]. Wenn Sie's nur endlich einsehen. Ihre Braut weint sich die Augen aus.

Haberfeld. Lassen Sie sie weinen.

Florian. Nein, suchen Sie sie auf, bitten Sie sie um Ver= zeihung. [Will ihn in Nr. 29 hineinschieben.]

Haberfeld [sich wehrend]. Aber nein!

Florian. Sie müssen!

Haberfeld [wie oben]. Ich mag aber nicht!

Florian. Augenblicklich!

Haberfeld [stößt ihn fort]. Geh' zum Teufel, alter Esel!

Florian [wüthend]. Mädchenverführer!

Haberfeld [schreit]. Narrentatel!

Florian. Elender!

9. Scene.

Vorige. Hofellner, Rosa, Florian und **Haberfeld,** später **Mizi, Winkler.**

Haberfeld [stürzt auf sie los]. Rettet Euch — ein Wahnsinniger,
Hofellner. Was ist denn? Was ist geschehen?
Florian [athemlos]. Ihr kommt im rechten Augenblick. Dieser Mensch da, [Auf Haberfeld zeigend.] wollte Eure Tochter verführen.
Hofellner und **Rosa.** Unsere Tochter.
Haberfeld [sich an den Kopf greifend]. Ein Irrsinniger. Laßt's ihn. Hab' schon um die Rettungsgesellschaft telephonirt.
Florian [schreit]. Schwindler! [Zu Hofellner.] Eure Tochter ist hier im Hotel ...
Rosa Das ist unmöglich!
Florian. Fragt's nur den Herrn da — den Herrn Winkler.
Hofellner. Der Herr ist ja mein Schwager Haberfeld!
Florian. Um so schlimmer. Den Herrn hab' ich soeben mit Eurer Tochter bei einem tête-à-tête erwischt ...
Haberfeld [zu Julie]. Er ist verrückt!
Rosa. Wir haben unsere Pepi soeben verlassen.
Florian. Das ist unmöglich — sie ist da drin. [Zeigt auf 28.]
Haberfeld. Aber das ist ja eine ganz fremde Dame ...
Florian. Na wartet! [Ruft in sein Zimmer hinein.] Fräulein Mizi!
Alle. Mizi!

10. Scene.

Vorige. Mizi.

Mizi [von Nr. 29]. Da bin ich.
Florian [auf Haberfeld zeigend]. Ist das nicht Ihr Herr Winkler?
Mizi. Nein.
Winkler [in Dienstmanns=Uniform eintretend]. Richtig die ganze Gesellschaft beisammen!
Mizi [ihn erblickend]. Das ist er!
Alle. Winkler!

Winkler. In Lebensgröße. [Geht zur Thüre 28.] Und jetzt kommen S' heraus, Fräulein Jeanette. Mit dem Versteckenspielen geht's nicht mehr.
Jeanette [heraustretend]. Was wollen S' denn wieder?
Florian [auf Jeanette zeigend]. Da habt Ihr Eure Tochter.
Rosa. Die, unsere Tochter!
Jeanette [stolz]. Ich heiße Jeanette Waldeck, oder richtiger Komaromy Ilka ...
Florian. Sie sind also Diejenige, die meinem Arpad den Kopf verdreht hat ... Sie haben sich ja gestern für meine künftige Schwiegertochter ausgegeben.
Jeanette. O nein — Sie haben mich dafür gehalten. Uebrigens hat mir der Arpad das Heiraten versprochen.
Florian. Da hat er sich versprochen. Sie haben ja auch schon Ersatz dafür gefunden. [Zeigt auf Haberfeld.]
Haberfeld. Unsinn. Er ist ein Narr.
Florian [zu Jeanette]. Hab' ich ihn nicht dabei erwischt — wie er Sie eben umarmen wollte —
Jeanette. Das schon, der Herr verfolgt mich seit gestern ...
Rosa. Aber Bruder! } Rasch nach einander
Hofellner. Aber Schwager! } auf Haberfeld eindringend.
Haberfeld [schreiend]. Ich wollte mich opfern.
Winkler [zu Jeanette]. Das war also der hohe Militär — der Herr Hauptmann von der Feuerwehr. [Zu Haberfeld.] Drahrer!
Haberfeld [auf das Rundsopha sinkend]. Mich trifft der Schlag!

11. Scene.

Vorige. Béla, Pepi.

Béla [Pepi am Arme, eintretend]. So, lieber Onkel — jetzt hab' ich meine Pepi mitgebracht.
Florian [sehr überrascht]. Das ist die Pepi — Ah, da bitt' ich sehr um Entschuldigung. [Zu Hofellner.] Und wenn Du verzeihen willst — [Da sich dieser abwendet.] Ich will ja nichts für mich. Ich will ja nur, daß Dein Kind glücklich wird.
Rosa. Thu's, Johann, thu's.
Pepi. Papa!

Béla. Schwiegervater.
Bosellner. Na — in Gottes Namen [Reicht Florian die Hand.]

12. Scene.

Vorige. Zwei Aerzte der Rettungsgesellschaft treten ein.
Erster Arzt. Herr Hauptmann Haberfeld.
Haberfeld [auf dem Rundsopha sitzend]. Hier.
[Die zwei Aerzte fassen ihn an den Armen und Beinen und tragen ihn ab.]
Haberfeld [sich wehrend]. Aber mir fehlt ja nichts!
Winkler [zu Mizi]. Jetzt können wir endlich auch an uns denken. Der Dienstmann wird Dich auf Händen tragen.

Der Vorhang fällt.

Ende.